Allitera Verlag

edition monacensia
Herausgeber: Monacensia
Literaturarchiv und Bibliothek
Dr. Elisabeth Tworek

Marita A. Panzer, *Dr. phil., veröffentlichte zahlreiche Biografien, darunter zuletzt »Lola Montez« (2014), »Bloody Mary« (2016), »Barbara Blomberg« (2017). Im Allitera Verlag erschienen bisher »Lena Christ: Unsere Bayern anno 14« (Nachwort, 2014) und »Bayerns Töchter« (2015). Als freie Autorin lebt sie abwechselnd in Regensburg und Irland. www.marita-panzer.de*

MARITA A. PANZER

CLARA ZIEGLER

Die letzte große deutsche Tragödin

Münchner Stadtbibliothek
Monacensia
Literaturarchiv und Bibliothek

Allitera Verlag

Weitere Informationen über den Verlag und sein Programm unter:
www.allitera.de

Juli 2018
Allitera Verlag
Ein Verlag der Buch&media GmbH, München

Umschlaggestaltung: Johanna Conrad
Printed in the EU
ISBN print 978-3-96233-029-3

Inhalt

VORWORT

Zur Geschichte des deutschen Theaters im langen 19. Jahrhundert

Den reisenden Wanderbühnen des 17./18. Jahrhunderts, samt ihrem Stegreifspiel und den Hanswurstiaden für das Volk, traten allmählich sesshafte Bühnen mit einem seriösen Repertoire gegenüber, das die Kluft zwischen der bloßen Volksbelustigung und der gehobenen Literatur schließen wollte. Lessing forderte das Theater zur moralischen Anstalt zu erheben, d. h. zur Sittenschule für Bürger und Fürsten. Die Aufklärung engagierte sich nicht nur für die Vernunft, sondern auch für eine liberale, humane und tolerante Gesellschaft. Das »bürgerliche Trauerspiel« (z. B. Lessing: *Emilia Galotti*) sollte bürgerliche Moral vermitteln, die höher anzusiedeln sei, als die Werte des leichtlebigen Adels.

Allerdings fand damals diese Neuerung wenig Zuspruch. Das Erziehungstheater der Aufklärung wurde gegen Ende des 18. Jahrhunderts abgelöst vom Sturm und Drang. Johann Gottfried Herder kritisierte die Einseitigkeit der Aufklärer und forderte nun den Verbund von Kopf und Herz ein, d. h. die Auseinandersetzung mit den Gefühlen und Gelüsten der Menschen.

1782 wurden *Die Räuber* von Schiller im Nationaltheater Mannheim uraufgeführt. Dieses neue Drama der Leidenschaften brachte das Publikum völlig aus der Fassung, wie ein Augenzeuge berichtete: »Das Theater glich einem Irrenhaus, rollende Augen, geballte Fäuste, stampfende Füße, heisere Schreie im Zuschauerraum. Fremde Menschen fielen einander schluchzend in die Arme, Frauen wankten, einer Ohnmacht nahe, zur Tür. Es war eine allgemeine Auflösung wie im Chaos, aus dessen Nebeln eine neue Schöpfung hervorbricht.«

Trotz anfänglicher Erfolge würdigte das Publikum die Darstellung des »genialischen Kraftmenschen« – wie Goethes *Götz von Berlichingen* – auf Dauer nicht.

Die Idee des Theaters als Institution, welche die politische Emanzipation des Bürgertums bewirken könne, war obsolet geworden. Nun begann die Epoche der Klassik, die sich beispielsweise am Weimarer Hoftheater der ästhetischen Vollendung des Menschen widmete. Man wandte sich jetzt der Antike zu und der Darstellung des ewig Menschlichen. Goethe trat dabei als Intendant und Regisseur in Weimar hervor. Nun mussten sich »Text, Rezitation, Dekoration, Bewegung, Kostüm und Musik zu einem harmonischen Ganzen fügen.«[2] Der Weimarer Stil war geboren – mit kunstvoller Rezitation, klassischer Strenge, fast statischer Körperhaltung und effektvollen Bühnenarrangements. Jedoch 1817 legte Goethe verärgert die Weimarer Hoftheaterleitung nieder und meinte, dass es sowohl an geeigneten Schauspielern wie auch an einem geneigten Publikum fehle. Anlass für Goethes Rückzug war der geforderte Auftritt eines Hundes auf der Bühne.

Im Verlauf des 18. Jahrhunderts hatte sich das barocke Hoftheater mit seinen Aufführungen für das zumeist adelige Publikum des fürstlichen Hofes hin zum Theater des gesellschaftlich aufgestiegenen Bürgertums gewandelt. Die ökonomisch erstarkte bürgerliche Schicht / Klasse hatte auch in Deutschland in der ersten Hälfte des 19. Jahrhunderts nach politischer Teilhabe verlangt. Jedoch brachten die Revolutionen von 1830 und 1848 diesbezüglich keine dauerhafte Veränderung. Als Betätigungsfelder blieben dem Bürgertum / der Bourgeoisie nur mehr die Ökonomie und das Kulturleben. So gingen Besitz und Bildung in den gehobenen bürgerlichen Schichten eine Verbindung ein, die das Kleinbürgertum und die Arbeiterschaft aber weitgehend ausgrenzte. Politisch erblühte der Neoabsolutismus, nur sanft gezügelt durch erste Konstitutionen.

Seit etwa 1850 intensivierte sich die Industrialisierung, Naturwissenschaften und Technik nahmen einen Aufschwung. Auch die Theatertechnik entwickelte sich: vom Kerzenlicht über die Gaslampe zur elektrischen Beleuchtung; von den starren Bühnenbrettern zur modernen Drehbühne. Die Gewerbefreiheit der 1860er Jahre ließ zahlreiche repräsentative Theaterhäuser entstehen, in denen das wohlhabende Bürgertum sowohl erbaut als auch unterhalten sein wollte.

Die literarische Entwicklung – auch die der Theaterstücke – ging weg vom Sturm und Drang sowie der Klassik, über die romantische Epoche hin zum Realismus. Dennoch wurden im Repertoire noch viele der »alten« Stücke gespielt. Daher kamen auch zahlreiche »Boulevardstücke« neben der bevorzugten Tragödie zur Aufführung.

Der Realismus präsentierte sich auf der Bühne als Rückgriff auf Historisches. In diesem Zusammenhang wurden das historisch-exakte Ambiente bzw. Bühnenbild und Kostüm wichtig. Dabei taten sich »die Meininger« besonders hervor. Das Ensemblespiel der SchauspielerInnen am Meininger Hoftheater wurde landauf-landab geschätzt und zum Vorbild. Daneben entwickelte sich dessen ungeachtet ein gastspielendes Virtuosentum, nicht nur in der Musik (z. B. Franz Liszt), sondern ebenso im Schauspiel.

In diesen Jahren (ab 1850) blieb die Darstellungsweise des idealistisch-klassischen Weimarer Stils neben dem neuen realistisch-historischen Spiel bestehen oder mischte sich mit diesem. Das Bühnenbild wandelte sich weg von der bloßen Kulisse hin zu historischen Räumen; die Darstellungsweise veränderte sich vom eher Deklamatorisch-Statuarischen hin zu ausdrucksstärkerer Modulation und Mimik sowie mehr Bewegung auf der Bühne, wovon letztendlich auch die Statisterie profitierte. Jetzt sollte in der Epoche des Realismus ein inneres Erleben über die kunstreiche Sprechweise hinaus veranschaulicht und dem Publikum vermittelt werden.

Kindermann meint in seiner *Theatergeschichte Europas*, dass sich das realistische Theater »in zwei verschiedenen Aspekt-Dimensionen« entwickelte: »[...] als bürgerlicher Realismus auf der einen Seite und als Monumental-Realismus auf der anderen. Beide sind erfüllt vom neuen Wirklichkeitsdrang und vom neuen Psychologismus. Im bürgerlichen Realismus dominieren die soziologischen Züge, im monumentalen die historischen – und da und dort sogar noch mythische [...].«[3] In der Gründer- bzw. Kaiserzeit (ab 1871) mit ihrer Betonung von nationalen Idealen bevorzugte man allgemein das Pompöse, das reich Ausgestattete und das Heldische. So fanden Hebbels Dramen und Richard Wagners Musiktheater ihre Inhalte in den deutschen Heldenepen, z. B. den *Nibelungen*. Helden und Heroinen sollten nun auf der Bühne monumental-pathetisch dargestellt werden, um das staatstragend-bürgerliche Publikum zu erheben.

Jedoch brachte gegen Ende des 19. Jahrhunderts die fortschreitende Industrialisierung ein Proletariat hervor, dessen Lebensrealität nun ebenfalls zur Darstellung auf die Bühne drängte. Das naturalistische Drama an der Wende zum 20. Jahrhundert entstand und verlangte eine natürliche Sprechweise, die sich vom bisherigen Schrift- und Buchdeutsch des Realismus deutlich unterschied. Aber auch die bürgerliche Familie und ihr Zerfall, die Hohlheit der bürgerlichen Werte wurden nun thematisiert, allen voran Ibsen, dessen Dramen zwischen Realismus und Naturalismus anzusiedeln sind.

Mit dem Aufkommen des Naturalismus im Theater, der sogenannten Wirklichkeitskunst, sprach man auch von der »Moderne«. Otto Brahm, der spätere Direktor des Deutschen Theaters in Berlin, meinte daher: »1889 ist das Jahr der deutschen Theaterrevolution gewesen, gleich wie 1789 das Jahr der Revolution der Menschheit war; es bezeichnet den stärksten Einschnitt in der Entwicklung der modernen Bühne.«[4] 1889 gründete sich die »Freie Bühne«, ein Berliner Theaterverein, und zeigte erstmals am 20. Oktober Gerhart Hauptmanns *Vor Sonnenaufgang*. Diese Uraufführung mündete in einen stürmischen Theaterskandal. Als Otto Brahm am Deutschen Theater 1894 Hauptmanns *Weber* erstmals dem Publikum bot, wurde die Aufführung zu einem Erfolg. Allerdings kündigte daraufhin die kaiserliche Familie ihre Loge. Kaiser Wilhelm II. blieb lieber der historisch-idealisierenden Spielweise treu, welche er schätzte und förderte.

Clara Zieglers Lehrzeit als Schauspielerin fand in den 1860er Jahren statt, ihre Glanzzeit als Heroinen-Darstellerin aber fiel in die Gründer- bzw. Kaiserzeit der 1870er und folgenden Jahre. 1904 trat sie offiziell von der Bühne ab, als das naturalistische Drama begann, sich auf der Bühne zu etablieren. Nach Kindermann war sie somit die letzte große Tragödin des sogenannten alten Stils der monumental-realistischen Epoche der Theatergeschichte.

KAPITEL 1

»die geistige und körperliche Entwicklung«

Kindheit und Jugendzeit

Familie Ziegler – Münchner Mädchenzeit

Familie Ziegler

Nachdem der protestantische Wilhelm Ziegler 1830 von Berlin in die katholische Residenzstadt München übersiedelt war, ließ er sich in der Rumfordstraße elf als tüchtiger Handwerksmeister nieder. Er hatte das Färben von Stoffen erlernt, wohl von seinem Vater, dem Seidenfärber Friedrich Wilhelm, der 1812 in Russland starb.

München war damals eine aufblühende Stadt. Als der Schweizer Dichter Gottfried Keller, der zu jener Zeit allerdings Maler werden wollte, die bayerische Residenzstadt 1840 betrat, schilderte er ihre Atmosphäre beeindruckt: »Mit dem Sonnenuntergange des zweiten Tages erreichte ich das Ziel meiner Reise, die große Hauptstadt, welche mit ihren Steinmassen und großen Baumgruppen auf einer weiten Ebene sich dehnte, [... ich suchte] bald das notierte Wirtshaus und durchwanderte so einen guten Teil der Stadt. Da glühten im letzten Abendscheine griechische Giebelfelder und gotische Türme; Säulenreihen tauchten ihre geschmückten Häupter noch in den Rosenglanz, helle gegossene Erzbilder, funkelneu, schimmerten aus dem Helldunkel der Dämmerung, wie wenn sie noch das warme Tageslicht von sich gäben, indessen bemalte offene Hallen schon durch Laternenlicht erleuchtet waren und von geputzten Leuten begangen wurden. Steinbilder ragten in langen Reihen von hohen Zinnen in die dunkelblaue Luft, Paläste, Theater, Kirchen bildeten große Gesamtbilder in allen möglichen Bauarten, neu und glänzend, und wechselten mit dunklen Massen geschwärzter Kuppeln und Dächer der Rat- und Bürgerhäuser. Aus Kirchen und mächtigen Schenkhäusern erscholl Musik, Geläute, Orgel- und Harfenspiel; aus mystisch verzierten Kapellentüren drangen Weihrauchwolken auf die Gasse [...] Alte dicke Weiber verbeugten sich vor dünnen schwarzen Priestern, die zahlreich umhergingen [...].«[5]

Trotz des allgegenwärtigen Katholizismus in München waren 1830, als Claras Vater nach München kam, evangelisch Gläubige keine Seltenheit mehr. Denn dem bayerischen Königreich waren nach 1806 einige protestantische Gebiete in Schwaben und Franken zugefallen, ebenso die ehemals Freien Reichsstädte Augsburg, Nürnberg, Ulm und Regensburg (erst 1810) – und so vermehrten sich die Protestanten in Bayern, auch durch Zuzüge von Gewerbetreibenden aus anderen deutschen Ländern. Angespornt vom Geist der Aufklärung, so heißt es allgemein, hatte Minister Montgelas Bayern in einen modernen Staat umgewandelt, zugleich auch in einen paritätischen und religiös-toleranten. 1818 wurde die Gleichstellung der zwei Konfessionen in der neuen bayerischen Verfassung festgeschrieben und 1830 umfasste die evangelische Gemeinde in München bereits rund 6000 Seelen, das waren etwa acht Prozent der Einwohnerschaft.[6]

In dieser Hinsicht bestand für den protestantischen Wilhelm Ziegler kein Hinderungsgrund, sich in München niederzulassen und den beruflichen wie gesellschaftlichen Erfolg zu suchen.

Das noch erhaltene »Münchner Adreßbuch« von 1859 verzeichnet denn auch den »Färber Wilhelm Ziegler« in der Utzschneiderstraße sieben und neun als Eigentümer. Diese Häuser hatte er 1848 bzw. 1851 erbaut. Ein Zeitzeuge erinnerte sich an die damalige Umgebung: »Als noch ein Teil der letztgebauten Schutzmauer die Innenstadt umklammerte und ein Wehrgang an derselben herumlief, als noch trotz der Ludwigschen Bauperiode die alte Zeit aus allen Winkeln treumütig entgegengrüßte, sprangen wir, ein lustiges Bubengesindel, oft an den aufgespannten Tüchern der Zieglerschen Färberei vorüber, namentlich wenn wir unseren Müttern in einem Tragkorb das einfache Mittagessen zum Bache brachten, woselbst sie in der Nähe des ›Einlasses‹ ihre Wäsche besorgten.«[7]

Wilhelm Ziegler betrieb eine Schönfärberei mit sieben Arbeitern, hatte zudem eine Methode erfunden, Seiden schonend in strahlenden

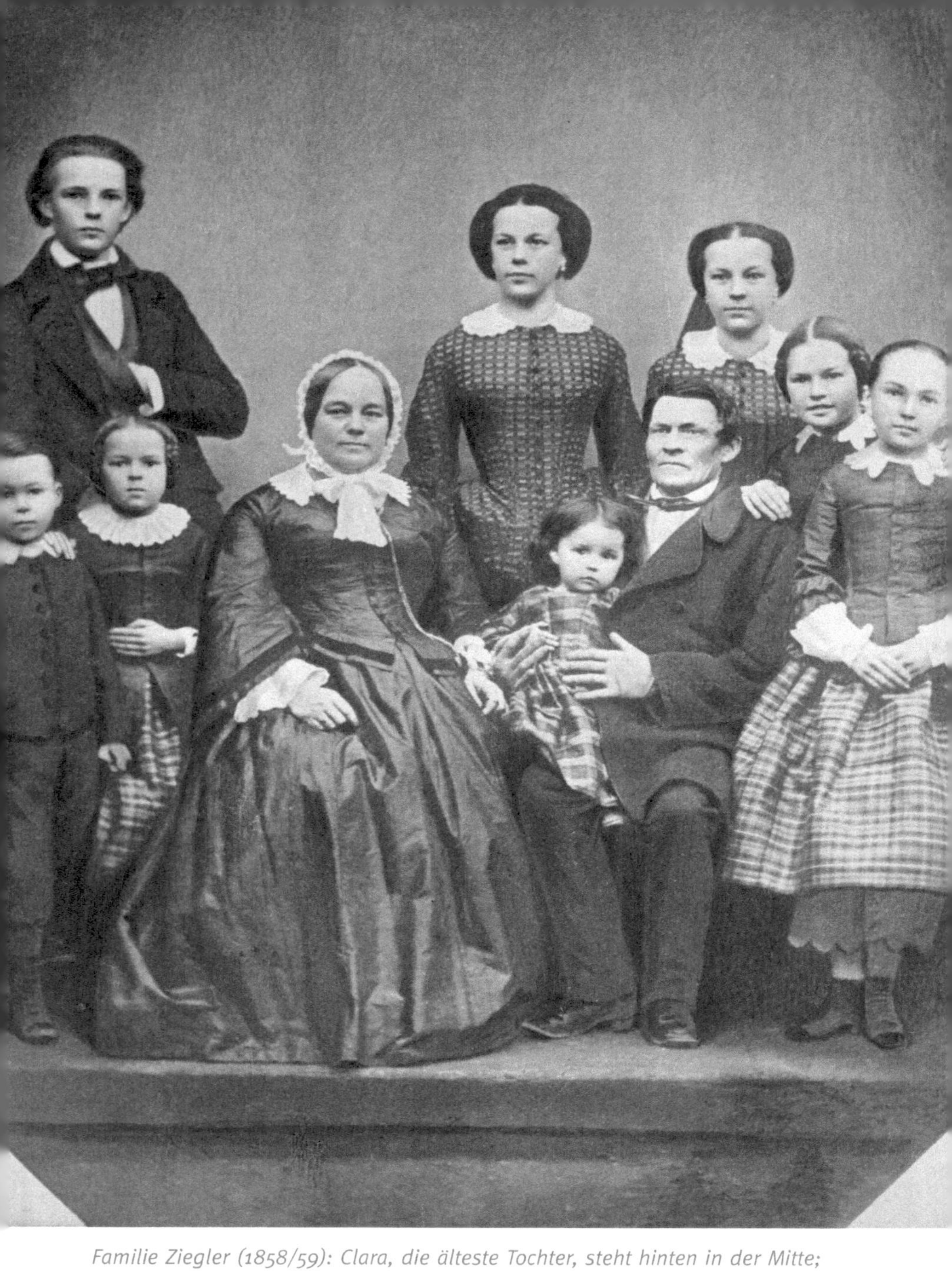

Familie Ziegler (1858/59): Clara, die älteste Tochter, steht hinten in der Mitte; rechts von ihr Augusta, links außen der älteste Sohn Christoph Carl Wilhelm, genannt Willi. Vorne sitzend das Ehepaar Ziegler; Vater Ziegler hält das Nesthäkchen Frieda auf dem Knie; links neben der Mutter stehen Pauline und Albert, rechts neben dem Vater Babette und dahinter Anna.

Tönen zu färben oder zu reinigen und ihnen ihre ursprünglich prächtige Farbe wiederzugeben. Daher nahm sein Geschäft einen enormen Aufschwung. Dazu wird berichtet: »Nachdem Ludwig I. König von Bayern, ihm mehrere Aufträge anvertraut hatte, wuchs sein Ruf und auch sein Vermögen […].«[8] Schließlich nannte der »hochverehrte Seiden-Färbereibesitzer« drei Häuser in München und das Landgut »Sternhof« (später »Villa Ziegler«) mit 24830 Quadratmetern Grund in Reutin bei Lindau am Bodensee sein Eigen.[9]

Nach einer ersten Ehe, aus der eine Tochter oder sogar mehrere Kinder[10] hervorgegangen waren, heiratete der inzwischen geschiedene Wilhelm Ziegler am 25. September 1842 sein ehemaliges Ladenmädchen Barbara Babette Jani (Jany), die Tochter eines Bäckermeisters aus Pfaffenhofen an der Ilm. Das Paar bekam zehn Kinder: Maximiliana (1840), Christoph Carl Wilhelm (1842), Clara (1844), Augusta (1845), Anna (1847), Babette (1848), Pauline (1850), Albert (1851), Wilhelmine (1855) und Frieda (1856).[11] Von den acht Mädchen und zwei Buben starben Maximiliana und Wilhelmine bereits als Kleinkinder, sodass insgesamt acht der Geschwister das Erwachsenenalter erreichten.[12]

»Vater Ziegler ging in religiösen, politischen und socialen Dingen seine eigenen und oft absonderlichen Wege, aber im Wohltun war er unerschöpflich«, schrieb Clara Zieglers erster Biograf Mayerhofer 1887.[13] Ziegler veröffentlichte 1850 eine Schrift mit dem Titel *Wie ist dem Handwerkerstande zu helfen?*[14], in der er versuchte, auf soziale Probleme der Zeit Antworten zu finden.

Münchner Mädchenzeit

Clara (Klara Hildegard Barbara)[15] wurde als Älteste der überlebenden Mädchen am 27. April 1844 im Haus an der Rumfordstraße elf geboren, das ihrem Vater als Miteigentümer von 1832 bis 1849 gehörte.[16]

Ein Zeitgenosse erinnerte sich Jahre später (1910): »Zu Klara Zieglers Mädchenzeit sah es in der Gegend, wo ihr Elternhaus stand, völlig anders aus als jetzt. Die Rumfordstraße war wohl vorhanden, aber Häuser gab es gar wenig an ihr. Der Südseite entlang zog sich die Mauer des Eichthalschen Gartens, davor eine lange Reihe hoher italienischer Pappeln mit tiefen Wassergräben wie an einer Landstraße. An der Nord-

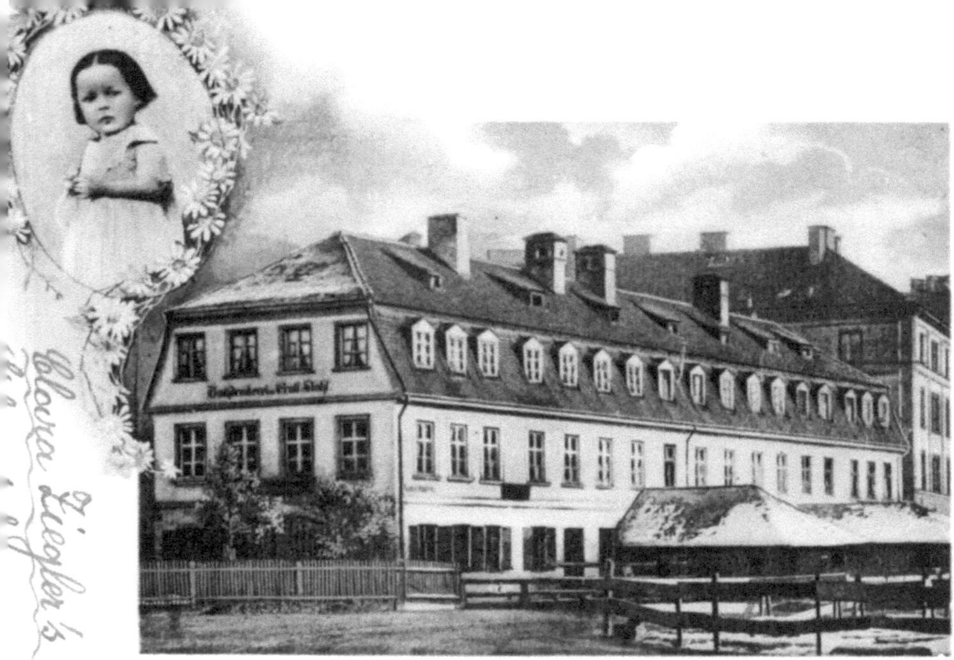

In der Rumfordstraße elf wurde Clara Ziegler am 27. April 1844 geboren. Oben eingefügt eine Aufnahme der etwa zweieinhalbjährigen Clara.

seite strömte der jetzt überwölbte starke Seitenarm der Isar offen dahin. Dicht daran, genau auf der Stelle des Tietzschen Warenhauses, stand Klaras Vaterhaus. Sie konnte von dessen Fenstern aus weithin blicken bis zur Fraunhoferstraße; es gab keine Reichenbachstraße, kein Gärtnerplatzviertel etc., alles war Wiese, der sogenannte Eichthalanger. Über einem kleinen Bach, der sich dort abzweigte und einer Glasschleiferei das Wasser lieferte, hatten Zieglers ein Badehüttchen errichtet, von dem dank der Freundlichkeit der Familie die gesamte Jugend der weitesten Nachbarschaft fleißig Gebrauch machte. Dem Eichthalschen Garten gegenüber dehnte sich weit hinab bis zur heutigen Zwingerstraße die Streichersche Lederfabrik mit Säge- und Lohmühle, an der Frauenstraße der dazu gehörende alte Stadtwall, bedeckt mit Walnußbäumen, obenauf statt der Miethäuser ein Lattenzaun.«[17]

Aus Claras Kinderzeit erfahren wir nur wenig. Sie ging wie jedes Kind zur Schule, stärkte ihren Körper mit Leibesübungen, wozu der Vater seinen Nachwuchs besonders anhielt, und »zeichnete sich als Meisterin im Schwimmen aus, wie sie auch im Schießen und Klettern große Gewandtheit besaß.«[18] Ein ehemaliger Jugendfreund teilte dazu 1910 mit:

»Auf der obstbaumbepflanzten Wiese an der Rumfordstraße spielte sich ein munteres jugendliches Leben ab, wozu sich zuweilen auch Klara mit Schwester einfand. An Gewandtheit den eckigen, unbeholfenen Lateinschülern weit überlegen, an körperlicher Größe ihnen mindestens gleichgewachsen, zwang sie die Spielgefährten durch ihre Körperkraft, ihr Geschick in allen Turnkünsten zur Bewunderung; nicht minder durch ihre schon damals merklich metallische Stimme. Aber diese von Schiller begeisterten Knaben ahnten in ihr die künftige ›Elisabeth‹ oder die ›Jungfrau von Orleans‹ noch nicht, sie mühten sich bloß heiß, aber vergeblich ab, der hurtigen Läuferin einen Vorsprung im ›Fangermandl‹ abzugewinnen, wo sie lachend jedes Hindernis übersprang, jeden Baum zu neckischem Vorteil benützte. Daß sie auch eine vollendete Schwimmerin war, noch dazu in dem uns Knaben damals nur aus der Geographie bekannten Bodensee, befestigte ihre Herrschaft unumschränkt.«[19]

Überliefert wird auch ein einschneidendes Ereignis: Auf dem Grundstück des nachbarlichen Lohgerbers in der Rumfordstraße befand sich eine Pfauenzucht. Nun hätten die Ziegler-Kinder gerne eine der prachtvollen Pfauen-Radfedern gehabt. Mit Leckereien lockten sie einen Pfau an und Clara riss ihm beherzt eine der schönen Federn aus, an der unten jedoch ein großer Blutstropfen hing. Zum Entsetzen der Kinder stieß der Pfau nun einen gellenden Schmerzensschrei aus, der den Kindern durch Mark und Bein fuhr. Sie liefen eilig nach Hause und verrieten nichts. Clara versteckte die Feder, wurde aber wegen ihres übergroßen Schuldgefühls, einem Lebewesen Schmerz zugefügt zu haben, krank. Zumal der Pfauenbesitzer ganz bekümmert bei Vater Ziegler nach einer geschäftlichen Besprechung verlautbaren ließ, dass sein Pfau nichts mehr fresse und er große Sorgen um ihn habe. Dieses schlimme Ereignis prägte sich der damals neunjährigen Clara tief ein; die Pfauenfeder stand daher in einem schmalen Glas lebenslang auf ihrem Schreibtisch zur Mahnung.[20]

Jahre später erinnerte sich Clara selbst an ihre Jugendzeit mit den Worten: »Mein Vater hatte für die geistige und körperliche Entwicklung seiner Kinder alles Mögliche gethan, und die Mutter fuhr in dieser Erziehungsweise fort. Unsere Kinderjahre waren die glücklichsten und angenehmsten.«[21]

Im bürgerlichen Hause der Zieglers interessierte man sich auch für das kulturelle Angebot der Stadt. Theaterbesuche waren keine Seltenheit, denn die Familie hatte dort einen »Stammsitz« inne. Als im Jahre 1852 die berühmte Tänzerin Lucile Grahn (1819–1907)[22] in München auftrat, gelang es Claras Vater, zwei Karten für das Hoftheater zu erstehen. Gemeinsam mit seiner Gattin besuchte er den Ballettabend der umschwärmten Künstlerin. Allerdings mussten die Kinder zu Hause bleiben und zu Bett gehen, was diese jedoch nicht taten, sondern »vielmehr mit Ungeduld [warteten], bis die Eltern zurückkamen. Und sie kamen heim, erfüllt von Bewunderung! Als sie ins Zimmer traten, hörten wir den Vater sagen: ›Großartig! Wie ein Federball sprang sie, kaum den Boden berührend, mit drei Sätzen über die ganze Bühne. Dann der Fußspitzentanz‹. Die Mutter fiel ein: ›Und die Grazie! Das sprechende Auge! Und wie sie dann durch die Luft flog! Großartig!‹«[23]

Etwas später lernte Clara die gefeierte Ballerina noch persönlich kennen. Eines Tages nämlich betrat diese das väterliche Geschäft, als die kleine Clara anwesend war. Das Mädchen durfte ihr artig die Hand reichen und bekam von Lucile Grahn zum Dank einen »alten Rock«, wohl ein abgelegtes Bühnenkostüm, geschenkt. Damit, so Clara Ziegler, begann unsere »Freundschaft«.[24]

In ihrem Elternhaus konnte sich Clara bereits als Jugendliche mit mehr oder weniger Erfolg im Theaterspielen üben: »Unter den vielen Zerstreuungen, die uns gestattet waren, unterhielten wir auch ein kleines Haustheater, auf welchem wir an Sonn- und Feiertagen spielen durften. Ich zeigte wenig Talent, aber desto mehr Fleiß, so, daß ich unter allen Mitwirkenden die Einzige war, die ihre Rolle [Nandl im Versprechen hinterm Herd], auswendig lernte, weil mir die Blamage des Steckenbleibens unerträglich erschien. Da jedoch das Komödiespielen uns von den ernsten Schulpflichten abdrängte, verbot mein Vater dasselbe, und unsere kleine Bühne, welche im Trockensaal der Fabrik aufgeschlagen war, wurde geschlossen.«[25]

Die unbeschwerte Kinder- und Jugendzeit ging abrupt zu Ende, als Vater Ziegler am 26. Juni 1859 im Landhaus nahe Lindau starb. Nun begann für die fünfzehnjährige Clara, die älteste Tochter des Hauses, der Ernst des Lebens. Sie berichtete darüber: »Obgleich das Geschäft blühte

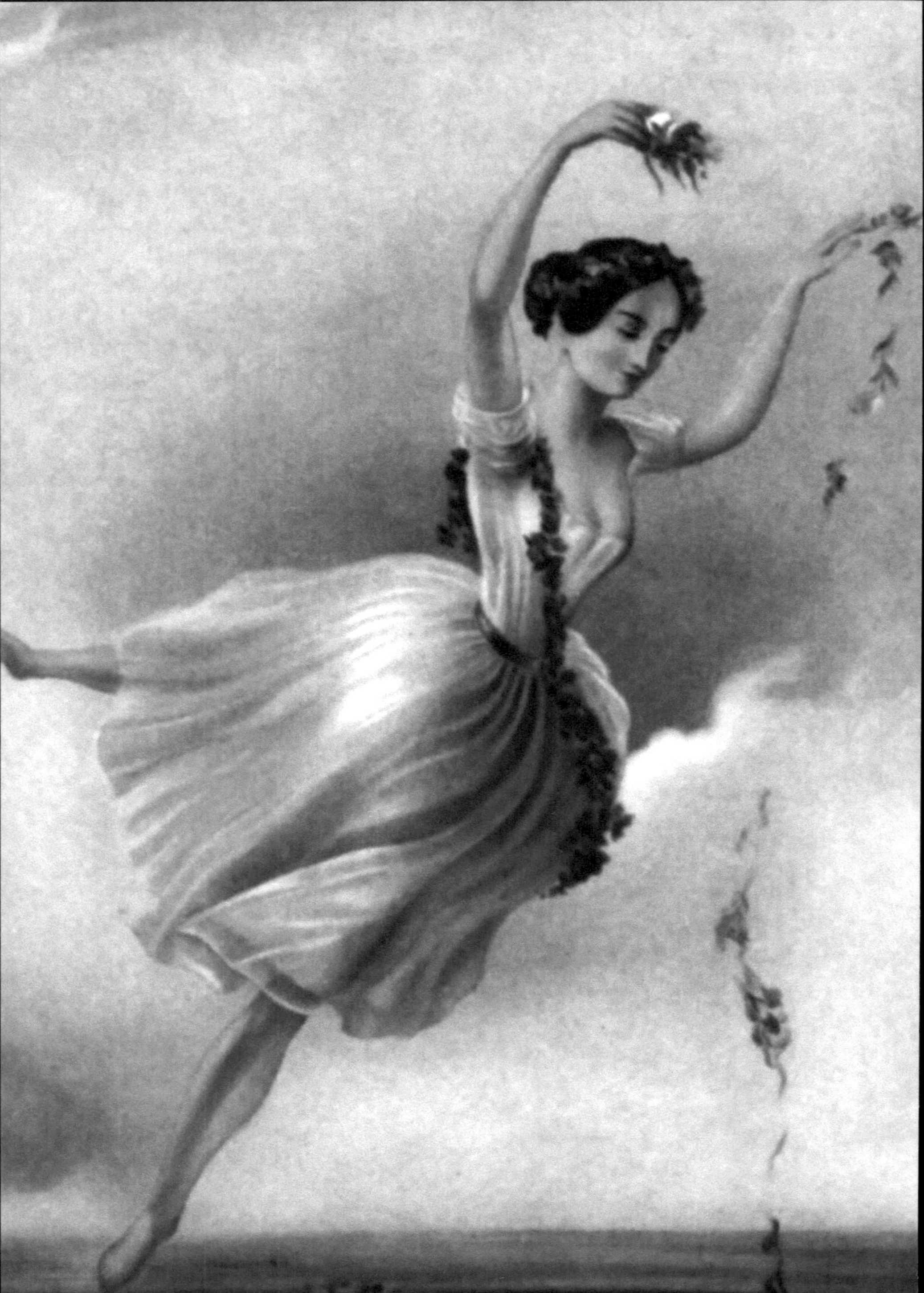

und unsere große Familie anständig ernährte [...], so machte sich der Verlust des Hauptes doch nur allzu fühlbar. Durch einen Prozeß, von einem Mitgliede unserer Familie angestrengt, wurde unsere Lage nur noch bedenklicher. Während die Mutter, welche das Geschäft führte, alle die daraus erwachsenden Arbeiten und Sorgen auf sich genommen hatte, fiel mir als der ältesten Tochter das ganze Departement unserer großen weitläufigen Hauswirthschaft zugleich mit der Pflege und Erziehung meiner jüngsten Schwestern zu. Ich mußte kochen und waschen und glätten und dabei noch den Unterricht meiner Geschwister und ihre Gesundheitspflege beaufsichtigen. Das waren schwere Zeiten für mich und für uns Alle!«[26]

Die jugendliche Clara übernahm also weitgehende Pflichten im Familienhaushalt und ihre Mutter führte die Färberei weiter. Als jedoch Mutter Ziegler zwei Jahre später eine Versorgungsheirat mit einem befreundeten Seidenfärber aus Berlin für ihre Tochter arrangieren wollte und die Verlobung schon unumgänglich war, wurde Clara selbst aktiv und gab ihrem Leben eine unerwartete Wendung. Sie sah ihre Zukunft nicht als Ehe- und Hausfrau. Ihr Ziel war es, Schauspielerin zu werden: »Meine Gedanken und Wünsche hatten jedoch eine andere Richtung angenommen. Wir hatten einen Logenplatz im königl. Hoftheater, und das ernste Schauspiel nahm meine Sinne gefangen. Der Entschluß zur Bühne zu gehen, hatte bisher keinen Raum in mir gefunden, doch die Absicht meiner Mutter, mich zu vermählen, brachte eine entscheidende Wendung in mir hervor, ich fühlte, daß ich eine Künstlerin, eine S c h a u s p i e l e r i n werden müsse, und der Vorsatz, zur Bühne zu gehen, stellte sich klar in meinem Innern fest.«[27]

Die Primaballerina Lucile Grahn (1819–1907), eine gebürtige Kopenhagenerin, trat 1851, 1852 und 1856 in München auf. Von 1869 bis 1875 wirkte sie beständig als Ballettmeisterin und Choreografin am Königlichen Hoftheater. Sie wohnte bis zu ihrem Lebensende in einer Villa am Englischen Garten und war mit Clara Ziegler befreundet.◀

KAPITEL 2

»das bajuwarische Riesenfräulein«

Anfänge und Lehrjahre

Ausbildung – Erste Auftritte – Am Stadttheater in Ulm – Die »Isar-Nixe« – Hinter den Kulissen

Ausbildung

Am 15. Mai 1861 besuchte Clara einen langjährigen Freund ihres verstorbenen Vaters namens Adolf Christen, der seit 1842 der Münchner Hofbühne als bekannter Charakterdarsteller angehörte. Clara bat um Schauspielunterricht. Christen war von diesem Ansinnen nicht begeistert, denn er sah in ihrem hohen Wuchs ein Hemmnis – eine Körpergröße von 1,85 Meter wird einmal handschriftlich unter einem Foto vermerkt.[28] Daher lehnte er zunächst mit den Worten ab: »Ihre Persönlichkeit wird Ihnen ein Hindernis sein, denn Ihre Größe paßt nur für die mächtigen Parthieen der tragischen Heldin; es bleibt Ihnen nur die Alternative beim Theater Nichts oder Etwas sehr Großes zu werden.«[29]

Daraufhin rief Clara aus: »So will ich denn etwas ›Großes‹ werden, an Muth, Fleiß und Ausdauer soll es mir nicht fehlen!«[30]

Schließlich gab Christen ihrem Drängen nach und bereits nach wenigen Probewochen war er von Claras Talent überzeugt und unterstützte ihren Berufswunsch auch bei ihrer Familie, die bis dahin keine Ahnung davon hatte.[31] Mit dem heftigen Widerstand ihrer Mutter rechnend, hatte Clara die Unterrichtsstunden bisher heimlich genommen. Wie das vor sich ging und welche Schwierigkeiten zu überwinden waren, davon erzählte sie später einmal: »Die täglichen Spaziergänge, die ich mit meinem jüngsten Schwesterchen zu unternehmen gewohnt war, gaben mir die

Adolf Christen (1811–1883), bekannter Münchner Hofschauspieler, wurde 1861 Clara Ziegler Lehrer und lebenslanger Mentor.▶

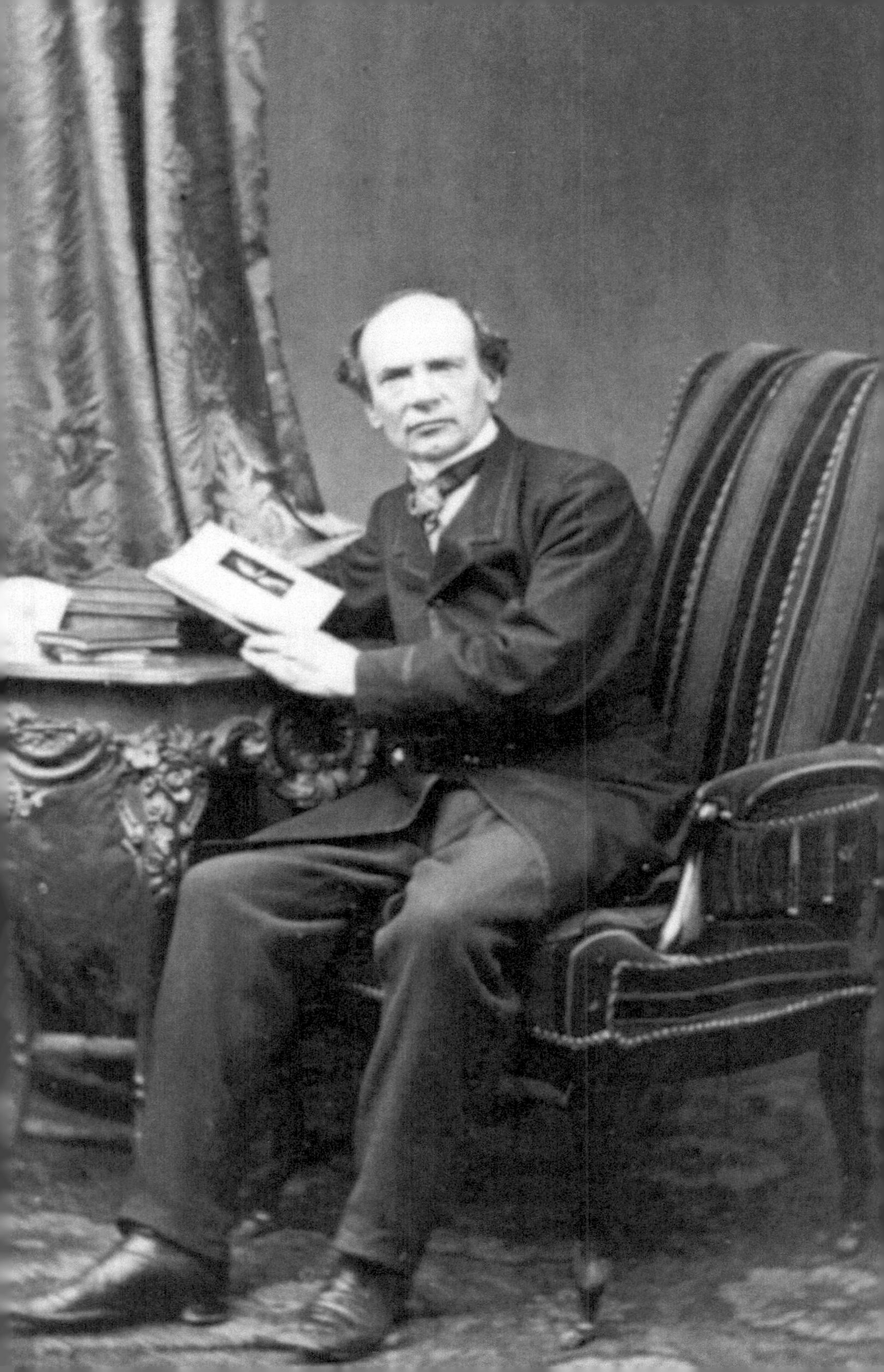

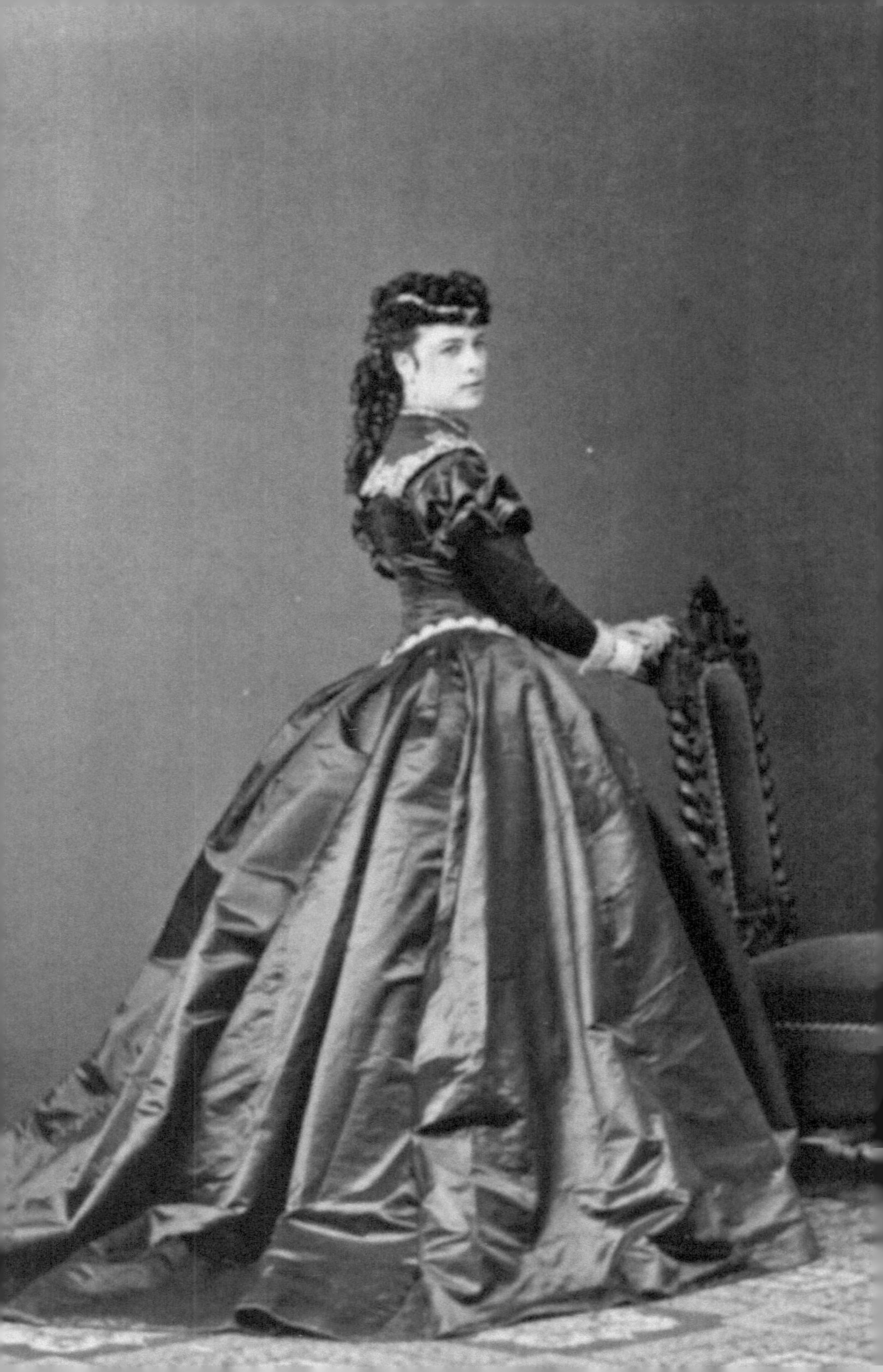

gewünschte Gelegenheit, auch den täglichen Unterricht meines Lehrers zu genießen. Nach einem Vierteljahre hatte Christen die Ueberzeugung gewonnen, daß ich das Zeug zu einer tüchtigen Schauspielerin besäße, und übernahm es nun selbst, meine Angehörigen von meinem Plane nicht nur zu unterrichten, sondern sie auch dafür zu gewinnen. Wie Sie sich denken können, war meine Mutter außer sich, und nur nach den härtesten Kämpfen gelang es Christen und mir, ihr die Erlaubnis zur Ausführung meines Entschlusses abzuringen.«[32]

Clara ließ also die Verlobung sowie die geplante Versorgungsehe platzen und wählte für sich einen von einem Mann unabhängigen Lebensentwurf. Für Töchter aus dem Bürgertum gab es damals nicht viele Möglichkeiten der Berufswahl, denn weder durften sie ein Gymnasium besuchen, noch sich als Studentinnen an der Universität offiziell einschreiben. Das war den Frauen in Bayern erst ab dem Wintersemester 1903/04 erlaubt.

Daher herrschte die allgemeine Ansicht, dass junge Frauen heiraten und Mütter werden sollten. Wer nicht ins Kloster gehen oder als Diakonisse leben wollte, hatte also wenig Auswahl. Von der bürgerlichen Gesellschaft akzeptiert wurde der Beruf der Erzieherin oder auch Lehrerin. Künstlerische Arbeitsfelder hingegen, wie das der Malerin, Schriftstellerin, Musikerin und Schauspielerin, hatten oftmals noch einen negativen Beigeschmack. Andererseits gab es im 19. Jahrhundert bereits einige Frauen, die sich auf besagten Gebieten durchgesetzt hatten und damit andere ermutigten, diesen – wenn auch beschwerlichen – Weg einzuschlagen. Die Schauspielerei war unter den künstlerischen Berufen für junge Frauen am aussichtsreichsten. Sie konnten bei einem gewissen Talent reüssieren und finanziell unabhängig werden, allerdings ohne Absicherung bei Krankheit, Unfällen oder im Alter!

Clara Zieglers Berufswunsch stand dennoch fest: Sie wollte Schauspielerin werden und selbständig sein.

Clara Ziegler als junge Frau und aufstrebende Schauspielerin. Die »Visitenkarte« zeigt ihren hohen, schlanken Wuchs und ihre elegante Erscheinung. ◀

Erste Auftritte

Nach nur sechs Monaten Schauspielunterricht debütierte Clara bereits am 21. Februar 1862 als Adrienne Lecouvreur am Bamberger Stadttheater an der Seite ihres Lehrers Christen.[33] Sie trat damals unter dem Pseudonym »Frl. Herzfeld« auf. Ihr zweiter Auftritt folgte zwei Tage später als Johanna in Schillers *Jungfrau von Orleans*.

Anlässlich ihres Starts in Bamberg schenkte ihr die Mutter ein mit Brillanten besetztes Kreuz,[34] das ihre inzwischen versöhnliche Haltung zu Claras erwähltem Beruf ausdrückte.

Nur wenige Monate danach, am 16. August 1862, spielte Clara Ziegler am Münchner Hof- und Nationaltheater die Johanna. Die Theaterkritik zeigte sich angetan und meinte: »In dieser jungen Dame ist Alles vereint, was ihr nur irgend zu einer großen Carriere verhelfen kann. Bei ihr steht die vollendetste äußere Schönheit auf einer Höhe mit dem dramatischen Talent.«[35] Und ein anderer urteilte: »Frl. Ziegler, eine Schülerin unseres geehrten Christen, hat ihr erstes Debüt als ›Jungfrau von Orleans‹ mit wahrhaft glänzendem Erfolge bestanden. Ihre herrlichen Stimmmittel, unterstützt durch eine geniale Auffassung ihrer schwierigen Rolle und durch körperliche Vorzüge seltener Art fanden die lebhafteste Anerkennung.«[36]

Obwohl man ihr sofort ein festes Engagement anbot, lehnte sie dieses auf Anraten ihres Lehrers Christen ab, da dieser dort keine Entfaltungsmöglichkeit für seine Schülerin sah. Clara Ziegler notierte sich erinnernd: »Nachdem ich in Bamberg als Fräulein Herzfeld meinen ersten Theaterversuch als Adrienne Lecouvreur gemacht und dort mit Erfolg die Jungfrau von Orleans gespielt hatte, wurde mir die Ehre zuteil, auch in dieser Rolle auf der Hofbühne in München debütieren zu dürfen. An ein Engagement war trotz des freundlichen Erfolges, den ich errang nicht zu denken, denn Frau Straßmann-Damböck, noch im Vollbesitz ihrer Kraft und Schönheit, füllte das Fach der Heroine aus, so daß ich als Anfängerin keinen Wirkungskreis gefunden hätte.«[37]

Auch ein Engagement in Breslau und ein Auftritt in Berlin kamen nicht zustande.

Clara Ziegler im Kostüm der »Jungfrau von Orleans« (Schiller). Im Bamberger Stadttheater spielte sie die Rolle der Johanna zum ersten Mal 1862. ▶

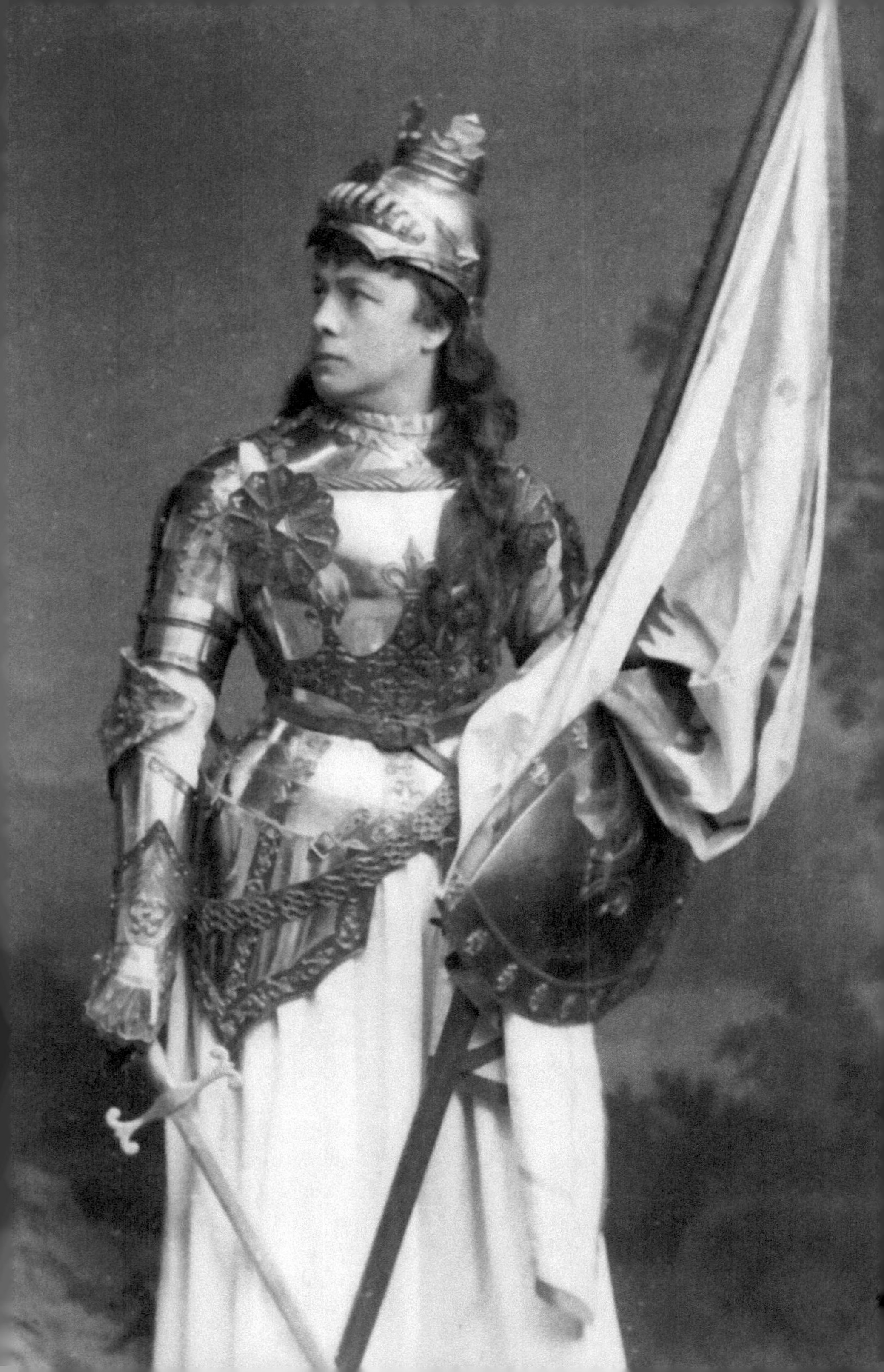

So verliefen die Jahre 1862/63 nicht ungetrübt. Die junge Schauspielerin musste sich erst durchsetzen und ein festes Engagement mit Perspektive finden.

Nach Bamberg und München spielte sie als Gast in Regensburg und Ansbach, bevor Clara Ziegler schließlich für die Winter-Spielzeit 1863/64 und danach für 1864/65 am Ulmer Stadttheater zwei feste Engagements zu einer Gage von zunächst 40 und dann 60 Gulden monatlich erhielt.[38]

Das Wunder dieser ersten Aufnahme in ein festes Ensemble kam so: Als Clara Ziegler in Breslau 1862 nach einer Probe in der Rolle der Johanna von Orleans nicht engagiert wurde, stand ihre Stimme, ein gewaltiges Organ mit einem »metallenen, markigen Ton«, der Festanstellung entgegen, wie sich Ernst von Possart, seinerzeit ein junger Schauspieler sowie Augen- und Ohrenzeuge, nachmals erinnerte: »Gewaltige Tonwellen, immer mächtiger anschwellend, ohne jemals in wüstes Geschrei auszuarten, drangen über das Orchester hinaus in den weiten dunklen Zuschauerraum [...] Es waren wundervolle Töne [...] Eine Arie war es, die das Mädchen da in den ersten Strophen sang, süß und wehmutsvoll zugleich. Die Melodie dieser Kehle berauschte.«[39] Jedoch: »Sie getrauten sich nicht, das Mädchen auftreten zu lassen, sie fürchteten dieses überlaute Organ, das in seiner nie versiegenden Fülle leicht zum Lächeln reizen konnte, sobald die Anfängerin in der Aufregung des Debüts die künstlerische Linie überschritt.«[40]

Allerdings war es genau diese Stimme, die Clara Zieglers späteren Erfolg ausmachte. Sie wurde zum wichtigsten Instrument ihrer Ausdruckskraft. Ein Wiener Kritiker schrieb dazu: »Das Organ ist sehr voll, dunkel und von jenem seltenen Timbre, der an die Töne der Harmonika oder an die Klänge des Cello erinnert.«[41] Dieses Ausdrucksmittel gewann im Verlauf ihrer Karriere immer mehr an Modulationsfähigkeit. Nun lobte die Kritik »die ergreifende Macht des tiefen Sprechens, diese Klarheit im leisesten Flüsterton, wie die maßvolle Erhabenheit in den Augenblicken höchsten Affektes.«[42]

Damals in Breslau wurden aber auch ihre Körpergröße und ihre überschlanke Figur moniert. »So eine dürre und himmellange Heroin mögen die Breslauer nicht«, soll der Regisseur, der Schwager des Theaterdirektors, zornig gerufen haben. »Sie wollen eine Süße, Kleine, Mollige, die auch das Gretchen und das Klärchen spielen kann.«[43]

In einem Interview von 1874 erfahren wir mehr über die Begleitumstände des misslichen Erlebnisses in Breslau. Nachdem sich die abgelehnte Schauspielerin vom Theaterdirektor noch eine halbe Monatsgage, das waren »25 Thaler«, ertrotzt hatte, ging sie in ihre Unterkunft zurück. Dort angekommen, so erzählte Clara Ziegler, »gab ich sofort den Auftrag, meine Koffer nach dem Berliner Bahnhofe zu schaffen, denn ich wollte daselbst meinen Bruder aufsuchen, um mir von ihm das Geld zur Rückreise nach München zu verschaffen. Aber meine Wirthsleute, die die alleinstehende Comödiantin gleich von vornherein mit verdächtigen Augen angesehen hatten, legten Beschlag auf meine Sachen, in dem Glauben, daß ich ihnen mit der Miethe durchgehen wollte.«[44]

So erlitt die junge Schauspielerin eine bittere Enttäuschung: »Ich wurde als völlig unbrauchbar für die Bühne von der Probe geschickt und entlassen. Allein, ohne Erfahrung, in einer großen Stadt, sah ich mich mit einem Schlage aller meiner Hoffnungen, meiner Zuversicht, meiner Träume beraubt. Alle Warnungsrufe, die gegen meinen Entschluß, mich der Bühne zu widmen, von mir wohlgesinnten Menschen erhoben wurden, klangen wie die Posaune des jüngsten Gerichts in mein Ohr. Ich war dem Wahnsinn nahe.«[45]

Clara kehrte nach München zurück und suchte Trost bei ihrem Lehrer Christen. Aus Scham über die Niederlage ging sie nur mehr in der Dunkelheit aus dem Haus. Auf einem dieser Spaziergänge ließ die junge Frau ihren Tränen freien Lauf und wurde dabei von einem älteren Herrn trostreich angesprochen, der sie erkannt hatte. Es stellte sich heraus, dass dieser gütige Mann Direktor Engelken aus Ulm war, der sofort mit Claras Lehrer Christen für sie einen Vertrag aushandelte. »Was meinen Sie, lieber Christen, wenn ich das Mädl mit nach Ulm nähme? In vier Tagen eröffne ich dort mein Theaterchen. Klein, aber anständig geht's bei mir zu, das wissen Sie ja aus Erfahrung. Eine große Gage kann ich ihr freilich nicht geben, aber spielen soll sie, was ihr Freude macht, und mir gewährt es ein Vergnügen, das Talent, das hier unleugbar vorhanden ist, fördern zu helfen«, so Clara Ziegler über diesen Wendepunkt ihres Lebens.[46] Allerdings soll Engelken noch humorvoll drohend hinzugefügt haben: »Aber wachsen dürfen Sie nimmer! Keinen Zentimeter mehr! Sonst kriegen die Leute Lachkrämpf!«[47]

Claras Figur und Körpergröße wurden jedoch im Verlauf ihrer Karriere immer mehr zu ihrem Kapital. Je mehr aus der überlangen, mageren Anfängerin eine stattliche Erscheinung wurde, die geradezu prädestiniert für die Darstellung von Heldinnen war, desto häufiger sprach die Kritik von »dem starken bestrickenden Zauber ihrer Gestalt«, von einer bislang nie gesehenen majestätischen Erscheinung, die mit ihrem feierlichen Schreiten, mit ihrer weitausholenden Gebärde, dennoch anmutig wirke.[48]

Am Stadttheater in Ulm

Die junge Schauspielerin wohnte in der Ulmer Zeit recht bescheiden zur Untermiete bei einer Gemüsehändlerin. Nach Clara Ziegler lief die Wohnungssuche in Ulm so ab: »Nicht weit vom Theater führte mich meine Begleiterin in ein unansehnliches Haus. Nachdem sie mit der Besitzerin gesprochen hatte, schritten wir einen langen Gang entlang, und sie öffnete eine Türe. – Ich blickte in einen nicht sehr großen Raum, in dem der Wintervorrat an Gemüsen, teils am Boden in Sandhaufen und Körben, und an Stricken, die durch den Raum gespannt waren, hingen [...] Möbel fanden sich nicht vor [...] Der Raum war ziemlich hell, die Lage ruhig, die Aussicht unbeschreiblich öde, auf ein gegenüberliegendes Dach.«[49] Da die Monatsmiete nur vier Gulden betrug, nahm die junge Schauspielerin das Zimmer. Nun wurde sie auf den Trödelmarkt geführt, wo ein paar wenige Möbel – ein Kanapee, ein Tisch, ein Stuhl, ein Waschkästchen – zu vier Gulden monatlich geliehen wurden. Inzwischen war das Zimmer von den Gemüsevorräten befreit, gereinigt und eingerichtet worden, sodass Clara bereits die Nacht dort verbringen konnte, umgeben von einem Reisekorb, der ihre Garderobe enthielt und ihrem eigenen Bettzeug, das sie mitgebracht hatte.[50]

Das Stadttheater Ulm wurde für Clara Ziegler zum »Sprungbrett« in eine erstaunliche Karriere. Sie spielte dort in 102 Vorstellungen 24 verschiedene Rollen:

Clara Ziegler als »Medea« (Grillparzer). Erstmals trat sie damit während der Spielzeit 1864/65 im Ulmer Stadttheater auf. Die Darstellung der »Medea« wurde zu einer ihrer Starrollen. ▶

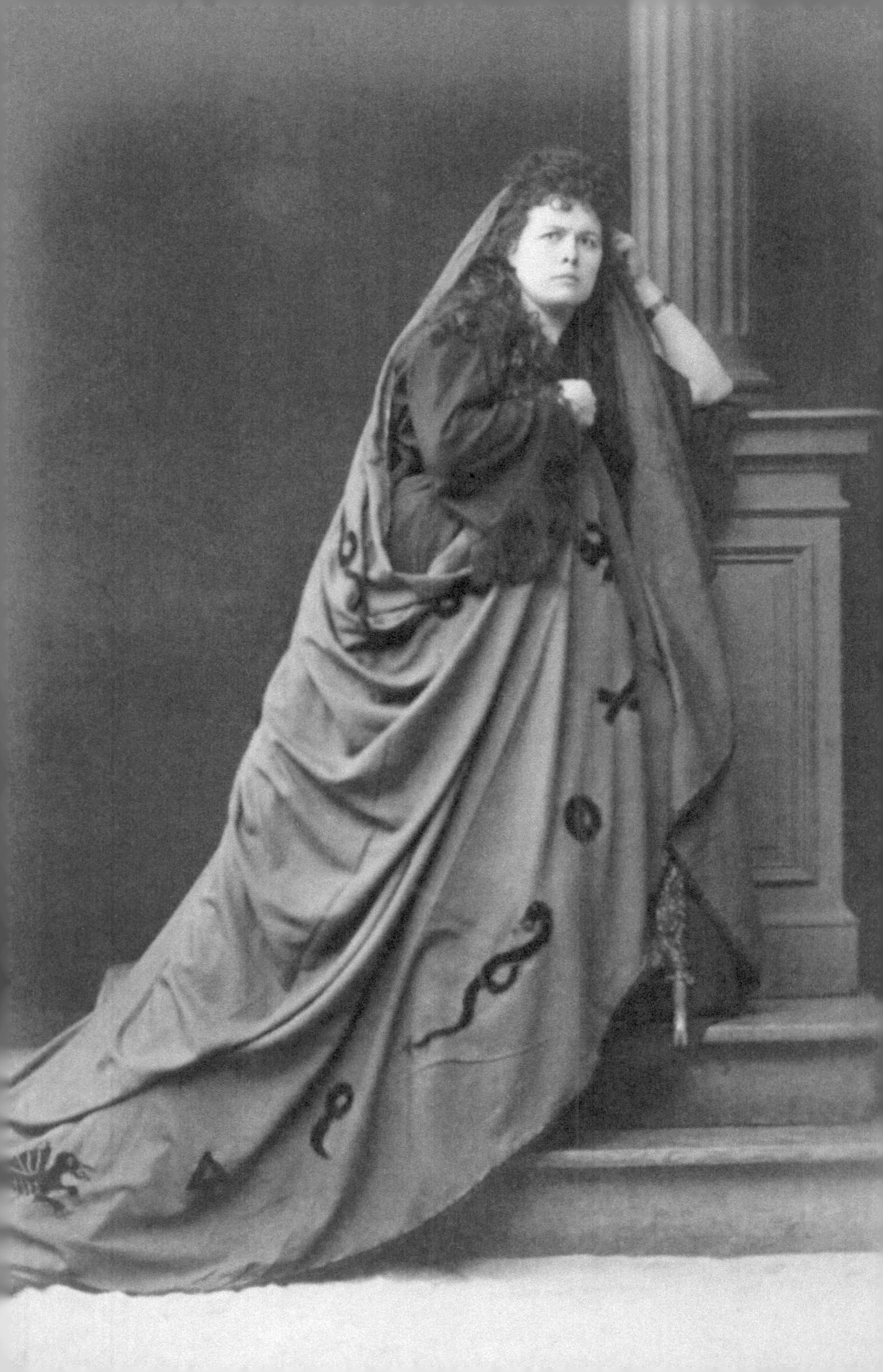

»Rollen in allen Dimensionen und in allen Fächern, sogar in dem der munteren Liebhaberin, ergossen sich wie ein Hagelwetter auf mich herab, und Tag und Nacht mußte ich lernen, um sie bewältigen zu können [...] Die Saison war schon zur Hälfte vorgeschritten. Ich hatte die Agnes Bernauer und die Isaura in der ›Schule des Lebens‹ in der letzten Woche gespielt. Da kam das neue Wochenrepertoire heraus und darauf stand – M e d e a ! Zugleich händigte mir der Theaterdiener das voluminöse Heft der Rolle ein. Erst war ich sprachlos vor Freude, dann glaubte ich jedem zurufen zu müssen: ›Endlich! Endlich!‹«[51]

Trotz diverser Pannen und erheiternder Vorfälle in der Premiere – so lief beispielsweise der Hund des Inspizienten sehr zum Vergnügen des Publikums auf die Bühne – gelang es Clara Ziegler schließlich doch, die gespannte Aufmerksamkeit der Zuschauer zu gewinnen. Erbost und eine katastrophale Aufführung erwartend, war sie schließlich zum Äußersten bereit: »Als nun der Moment herannahte, wo ich den Mantel nicht zerreißen sollte, weil der Direktor es verbot, erfüllte mich auch Zorn gegen ihn, und als die Stelle kam, packte ich das geliehene Kleidungsstück, und nicht nach allen Rotstiften der Erde und meinem Direktor fragend, der in der ersten Kulisse saß und entsetzt auf sein Garderobenstück blickte, packte ich den Mantel, und mit den vom Dichter vorgeschriebenen Worten: ›Sieh. Wie ich diesen Mantel durch hier reiße‹, riß ich ihn von oben bis unten durch und schleuderte den abgerissenen Teil Jason vor die Füße.«[52] Daraufhin herrschte »lautlose Stille« im Publikum, kein Lachen war bis zum Ende des Stückes mehr zu hören und »als der Vorhang fiel, durchbrauste ein förmlicher Orkan des Beifalls das kleine Theater.«[53]

Der Kritiker der *Ulmer Schnellpost* namens Albrecht würdigte von Anfang an Clara Zieglers Aussehen und Können, wie überliefert wird: »Schon bei ihrem ersten Auftreten rühmte er ihre imposante Erscheinung, ihr herrliches Organ und ihre ausgezeichnete Art der Deklamation, bei der man glaube eine Meisterin, nicht eine Anfängerin vor sich zu haben. Er prophezeite ihr bei ernsten tüchtigen Studien eine schöne Zukunft und stellte fest, daß in Ulm nie eine Anfängerin aufgetreten sei, die zur Darstellung von Heldinnen ein so ausgesprochenes Talent und eine so reiche Begabung mitbrachte und zugleich die übernommenen Rollen mit der Sicherheit einer bewährten Meisterin spielte.«[54]

Im März / April 1865 verabschiedete sich Clara Ziegler von ihrem Ulmer Publikum. Hier in der Ulmer Provinz hatte sie viel dazugelernt: »Dort spielte ich A l l e s ! Junge und alte, große und kleine Rollen und studierte während dieser Zeit den größten Teil meines klassischen Repertoires.«[55]

Diese Anfangsjahre mit großen Sorgen um ihre Existenz waren nicht spurlos an Clara vorübergegangen. Wie das Erlebnis am Linzer Stadttheater deutlich belegt: Nach der ersten Spielzeit in Ulm, die an Ostern 1864 abgeschlossen war, gab Clara nämlich ein Gastspiel in Linz als Donna Diana. Dort »warteten aber meiner neue Enttäuschungen der herbsten Art«, gab sie in einem Interview preis: »Die nach allen Seiten hin sauber gewöhnte Tochter einer anständigen Bürgerfamilie trat hier zum erstenmale in den Bann jener Theater-Gesellschaften, die wir mit einem zwar etwas cynischen, aber doch überaus bezeichnenden Ausdrucke ›Schmieren‹ zu benennen pflegen. Ich war starr vor Grauen und Entsetzen über die Verhältnisse, die sich hier vor meinen Blicken aufthaten. Ich suchte die Kunst und fand hier nur ein Proletarierthum ohnegleichen, das von der Kunst nur den Namen und die Fetzen geliehen hatte, mit allen seinen Schrecken und Widerlichkeiten. Ich spielte – einmal. Ich gefiel rasend und wurde wohl zwölf- bis fünfzehnmal gerufen; und dennoch, als ich nach der Vorstellung die Donau entlang in meine Wohnung zurückkehrte, da kam der ganze Jammer eines, wie ich damals glaubte, verfehlten Lebens mit so wildem Schmerze über mich, daß ich ganz nahe daran war, in den Fluthen des Stromes mir die ewige Ruhe zu suchen.‹«[56] Am anderen Tag löste sie den Vertrag und kehrte nach München zurück »mit dem traurigen Bewußtsein, noch keinen Schritt vorwärts gekommen zu sein.«[57] Sie vertraute ihrem Tagebuch an: »Mein Zustand war grauenvoll! Gott schütze mich vor Nervenleiden!!«[58]

Rettung aus dieser Krise brachte dann das zweite Engagement in Ulm 1864 / 65.

Die »Isar-Nixe«

1865 zog der Ulmer Theaterdirektor Friedrich Engelken[59] nach München, um dort ab November das neu gegründete Aktien-Volkstheater am Gärtnerplatz zu leiten[60] – und er nahm Clara Ziegler mit.

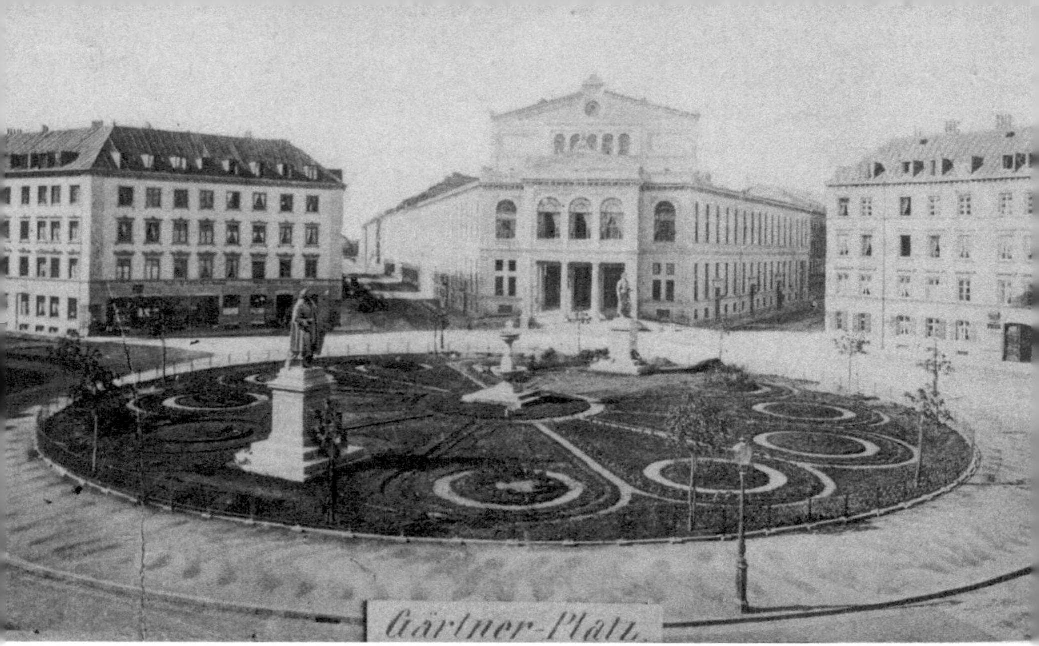

Am neu gegründeten Aktien-Volkstheater (Gärtnerplatztheater) spielte Clara Ziegler von 1865–1867. Die »Isar-Nixe« war dort ihre erste Rolle in der Eröffnungsvorstellung des neuen Theaters.

Die *Allgemeine Theater-Chronik* berichtete über die Premiere, die viele Theaterbegeisterte herbeigesehnt hatten: »Das neue Volkstheater ist unter den günstigsten Auspicien eröffnet worden. Stürmisch hervorgejubelt wurde Dir. Engelken, galt es doch dem Mann zu zeigen, wie man ihn ehrt und schätzt und welche Hoffnungen man auf seine geübte Hand setzt; und daß diese Hoffnungen in Erfüllung gehen, dafür bürgt auch der Name Engelken.«[61]

Das Münchner Volkstheater zeigte damals ein »Festspiel mit Gesang, Tanz und lebenden Bildern« unter dem Titel *Was wir wollen* von Hermann Schmid mit Musik des zweiten Kapellmeisters Georg Kremplsetzer. Das Stück wurde am Samstag, den 4. November 1865, uraufgeführt und die 20jährige Clara stand als »Isarnixe« auf der Bühne.

Zum Inhalt des Spiels: Allegorische Figuren aus der Münchner Stadtgeschichte versuchten, das gelangweilte Münchner Kindl zu unterhalten und kündigten dabei die programmatische Ausrichtung des Theaters an.[62] Genien und anderes Gefolge fragten sich im Verlauf des Spiels, welche Art von Volksdichtung denn gewünscht werde, ob Märchen, ob lustige, launige oder ernste Dichtung, ob Historisches oder Schalkhaftes – und zum Schluss verkündete dann die Isarnixe:

»Was wir wollen,
In bunten Bildern habt Ihr's nun geschaut:
Nun helfet mit, daß sich das Werk erbaut. […]
Heran! Heran! […] Ists fröhlich Euch ums Herz,
Wir spielen mit und kränzen Euren Scherz,
Und wenn Ihr weint, wenn Kummer Euch bedrückt,
[…] O, flieht hierher und träumet Euch beglückt. […]
Habt Ihr in Müh'n, in Hoffen und in Sorgen
Dem strengen Leben streng genug gethan,
Vergeßt es hier – hier brech' ein neuer Morgen
Aus Abendglut, ein Tag des Schönen an,
Und was wir wollen, heb' Euch flügelgleich
Hin – in der Freude ewig Zauberreich!«

Nach diesem Monolog der Isar-Nixe verwandelte sich, laut Regieanweisung, das Bühnenbild in eine »großartige phantastische Feen-Dekoration, in das Reich der Freude«; im Hintergrund zeigte sich eine Art Tempel mit Altar, an den die Volksdichtung herantrat und das Feuer entzündete, »das alles mit magischem Schein« überstrahlte. Rauschend fiel jetzt die Musik ein und der Schlusschor sang: »Hinauf! Weit sinkt der Erde Noth zurück / Hoch oben thront im Morgenroth das Glück!« Daraufhin fiel langsam der Vorhang.[63]

Clara wurde bald zum »Publikumsliebling« am Aktien-Volkstheater, zumal sie noch andere Rollen übernahm, wie *Die Kameliendame*, Ida Zamainska in Vacanos *Ketten* und die *Deborah* von Mosenthal.[64] Zugleich erweiterte sie im privaten Studium bei Adolf Christen ihr Repertoire im Rollenfach der Heroinen-Darstellung.

Am 13. September 1867 trat Clara Ziegler ein letztes Mal am Münchner Gärtnerplatz auf: »Damit beschloß ich meine Wirksamkeit am Aktienvolkstheater in München. Mein Abschied war sehr schön, ich bekam viele Blumen, Bouquets und Kränze […] Ich habe sehr schöne Tage am Volkstheater verbracht, aber dennoch bin ich froh, daß es aus ist. Ich werde bald so Gott will eine bessere Stellung einnehmen dürfen.«[65]

Von München ging es schließlich zu einem Gastspiel nach Leipzig, wo sie ihre Karriere fortsetzte; Clara Ziegler hielt fest: »Ein glücklicher Zufall führte mich nach Leipzig, wo meine künstlerischen Wünsche und Hoffnungen sich bald zu verwirklichen begannen.«[66]

Zusammenfassend notierte sie in ihrem Tagebuch für die Anfangsjahre 1862 bis 1867 insgesamt 295 Bühnenauftritte:

»Bis hierher im Ganzen gespielt

1862	Bamberg 2mal als Frl. Herzfeld erstes Debüt.
1862	München Gastspiel 1mal als Versuch.
1863	Regensburg 4mal als Gast.
1863	Ansbach 4mal als Gast.
1863–64	Ulm 34mal im Engagement [= Clara Zieglers erstes Ulmer Engagement]
1864	Linz 1mal als Gast.
1864–65	Ulm 35mal im Engagement [= Clara Zieglers zweites Ulmer Engagement]
1865	Linz 1mal als Gast.
1865–67	München 210mal im Engagement [= Clara Zieglers Engagement am Münchner Aktien-Volkstheater]
1867	Leipzig 2mal als Gast.«[67]

Hinter den Kulissen

Während ihrer zwei festen Engagements in Ulm erhielt Clara Ziegler auch erstmals Einblick in die Funktion eines beständigen Theaterbetriebes. So erfuhr sie gleich zu Beginn, dass Rollentexte oftmals sehr schnell erlernt werden mussten und nur wenige Proben angesetzt wurden. Auch das Gebäude selbst ließ häufig zu wünschen übrig. Die Schauspielerin berichtete: »Die kleinen Provinztheater früher, ohne ordentliche Beleuchtung und mit noch schlechterer Beheizung, so daß man selbst während der Vorstellung oft eine schützende Hülle umnehmen mußte, zogen sich nicht umsonst das Epitheton ›Musenstall‹ zu. Der Aufenthalt hinter den Kulissen war abscheulich!«[68]

Desgleichen war die Anfängerin über die merkwürdige Programmgestaltung erstaunt. Als sie sich bei Direktor Engelken darüber beschwerte, dass auf dem Theaterzettel nicht nur die Tragödie *Medea* angekündigt, sondern noch am selben Abend anschließend die Posse *Der gebildete Hausknecht*, meinte Engelken nur lakonisch: »Wenn Sie von Geschäften etwas verstünden, mein Fräulein, würden Sie nicht so sprechen. Ich muß allen Schichten der Bevölkerung Rechnung tragen, und mit Medea allein, die nur wenige kennen, locken wir keinen Hund aus dem Backofen.«[69]

Auch die Proben verliefen oftmals chaotisch. Zur Medea-Aufführung gab es nur eine Probe, da der Kapellmeister für die Einstudierung der neuen Oper die Bühne brauchte. Zudem waren die benötigten Requisiten nicht vorhanden, weil der Inspizient für besagten Opernabend Vorbereitungen treffen musste. Außerdem hatten sich die Akteure ihre Kostüme größtenteils selbst zu beschaffen, denn der Theaterfundus gab nur wenig her, und so notierte Clara Ziegler überrascht: »Zum ersten Male kam es mir zum Bewußtsein, daß meine Gage trotz der fünf Gulden Zulage mit der Stellung einer Heroine, deren Stoffverbrauch für Kostüme über das Durchschnittsmaß hinausging, nicht im Einklang stand.«[70]

Am Bühneneingang des Ulmer Theaters war eine Tafel angebracht, auf der die Geldstrafen vermerkt wurden, welche die Ensemblemitglieder bei Verfehlungen zu zahlen hatten. So las Clara Ziegler nach der erfolgreichen Premiere der Medea: »Herr P. wegen Störung der Aufführung der Medea durch seinen Hund 3 Gulden Strafe. – Frl. Ziegler wegen Beschädigung eines Garderobenstückes der Direktion 5 Gulden Strafe.«[71] Darüber war die junge Schauspielerin bitter enttäuscht und erzürnt zugleich, weil sich dadurch ihre geringe Monatsgage dementsprechend verkürzte.

An jedem Zahltag wurde den Theatermitgliedern, einem nach dem anderen, die Gage durch Direktor Engelken persönlich ausgehändigt. Dabei ergriff der Theaterleiter die Gelegenheit, jeweils seine Kritik anzubringen. Die vor der Tür Wartenden erkannten dann am Gesichtsausdruck der Gehenden, ob diese positiv oder negativ ausgefallen war. Zu diesen Gesprächen präsentierte sich Engelken nicht immer korrekt gekleidet. Einmal fand ihn Clara Ziegler sitzend »in einem alten, großen, mit Leder überzogenen Lehnstuhl« vor. Er war »in einen grauen, mit roten Aufschlägen besetzten Schlafrock gehüllt, die Füße in großen Filzschuhen, ein kleines, schwarzes, rundes Samtkäppchen auf den grauen, dünnen Haaren, die beinahe bis auf die Schulter herabfielen, eine große Brille auf der Nase.«[72] Trotz seiner oftmals nachlässigen Erscheinung war der Intendant eine Respektsperson und wurde von allen »Brotvater« genannt.

An Direktor Engelken erinnerte sich Clara Ziegler lebenslang in großer Dankbarkeit. Vor allem die abschließenden Worte seiner kritischen Äußerungen zu ihrem ersten Auftritt als Medea wurden ihr zur Leitschnur: »Mein Kind, merke Dir: In der Beschränkung zeigt sich erst der Meister!«[73]

KAPITEL 3

»ein leuchtendes Gestirn am Himmel der Kunst«

Der Weg zum Ruhm

Leipzig – Hoftheater München – Gastspielzeit

Leipzig

Nach zwei Jahren in München am Volkstheater, währenddessen Clara sich mit Hilfe Christens nebenbei im klassischen Repertoire ausgebildet hatte, fand sie einen neuen Wirkungskreis in Leipzig. Dort unterschrieb sie einen Vertrag am 24. Februar 1867 zunächst für ein Jahr mit einer Gage von 1300 Talern.[74]

Überschattet wurde ihr Start in Leipzig durch den Tod ihrer erst 19jährigen Schwester Anna am 11. Juli 1867.[75] Das Münchner Aktien-Volkstheater verließ sie durchaus gerne, da sie einige berufliche Hoffnung auf Leipzig setzte. Dennoch vertraute sie ihrem Tagebuch an: »Ach es wäre alles so schön, wenn man nicht außerdem so vielen Kummer hätte. Ich werde meines Lebens nicht froh.« Die nachfolgenden Zeilen sind im Tagebuch geschwärzt, sodass wir nicht wissen, ob besagter »Kummer« sich auf den frühen Tod der Schwester, auf eigene Krankheiten oder auf Streitigkeiten mit der Mutter, die durchaus vorkamen, bezog.[76]

In Leipzig debütierte Clara Ziegler am 7. Oktober 1867 als Brunhilde in Hebbels *Nibelungen* sehr erfolgreich: »Mein erstes Auftreten in Leipzig in meinem Engagement. Sehr gefallen, das Haus war brechend voll, ich wurde 4mal gerufen und applaudirt.«[77] Wenige Tage später (11. Oktober) trat sie zum zweiten Mal auf, nunmehr als Orsina in *Emilia Galotti* von Lessing; beglückt hielt sie fest: »Als Orsina nach jeder großen Rede applaudirt und zum Aktschluß gerufen.«[78]

Endlich befand sich Clara Ziegler im angestrebten Rollenfach, in dem sie ihre dramatische Begabung zeigen konnte. Es folgten Rollen wie die

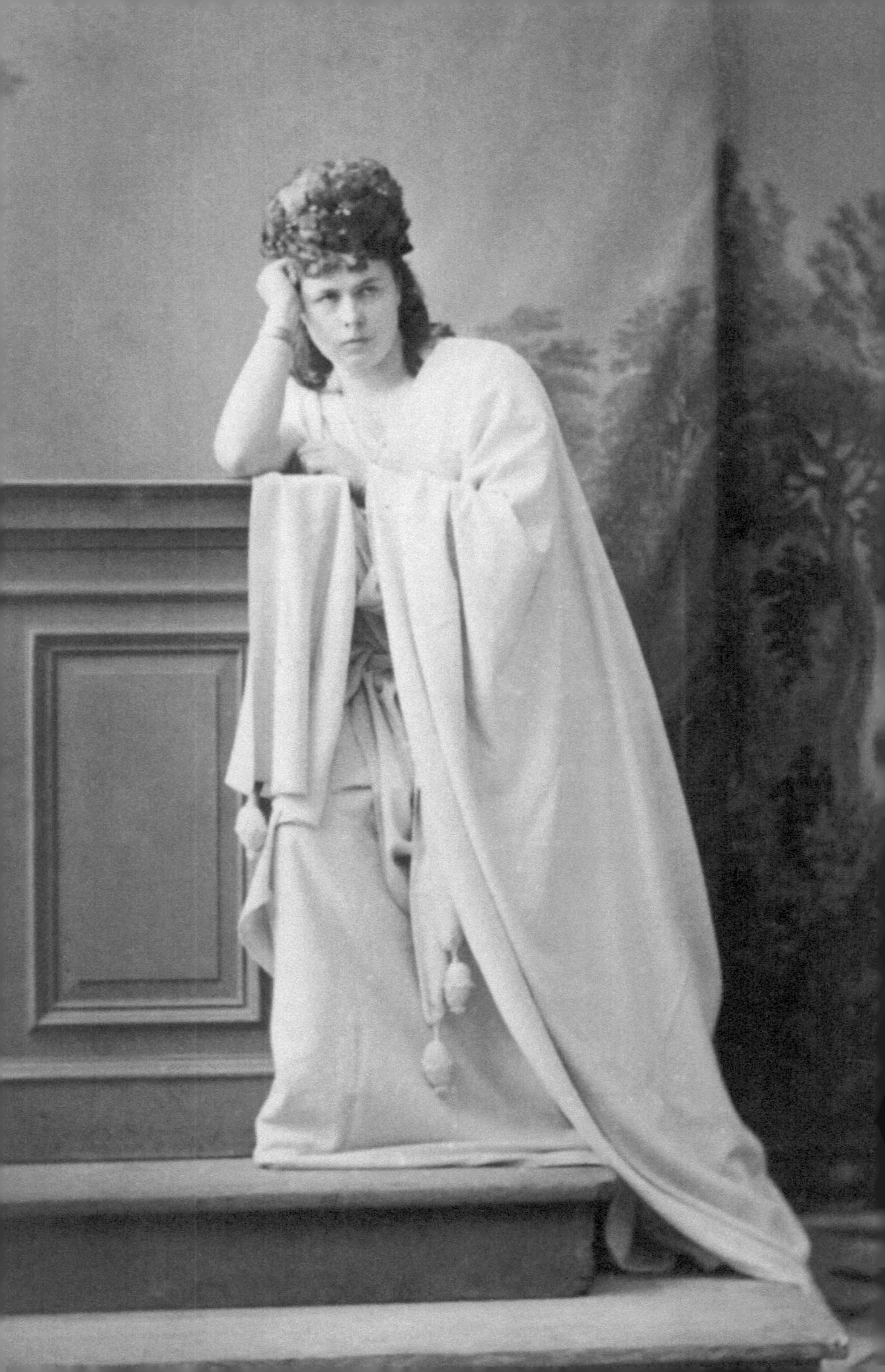

Medea von Grillparzer, Gräfin Terzky in Schillers *Wallenstein* und Königin Elisabeth im *Graf Essex* von Laube.

Hierzu ist eine köstliche Anekdote überliefert: Da damals Schauspielerinnen sich ihre Bühnenkostüme überwiegend selbst beschaffen mussten, war es für junge aufstrebende Talente oft schwer, die erforderlichen Geldmittel dafür aufzubringen. Nun sollte Clara in Leipzig die Rolle der Elisabeth verkörpern und dazu benötigte sie einen königlichen Mantel, den sie nicht besaß. Der Intendant wollte ihr helfen und bat deshalb seine Gattin, die vormals die Elisabeth gespielt hatte, der »Neuen« ihr Kostüm zu leihen. Frau Intendantin erboste sich jedoch ob dieses Ansinnens. »Dieses Stück, das 600 Gulden gekostet hat, kriegt die Hopfenstange nicht. Lieber zerreiße ich den Mantel«, soll sie zornig ausgerufen haben.[79] Am Aufführungsabend war immer noch kein geeigneter Mantel vorhanden, obwohl der Intendant heimlich, aber vergeblich, in den Schränken seiner Frau nach dem guten Stück gesucht hatte. Notgedrungen schickte er den Theaterdiener zu einem Maskenverleiher und dieser kehrte zum Erstaunen aller mit dem Mantel der Frau Intendantin zurück, die das Prunkstück – bevor sie auf Reisen ging – lieber dort abgegeben hatte, als es ihrer Nachfolgerin zu überlassen.

In diesem Zusammenhang wird überliefert, dass Adolf Christen, Claras Lehrer, Mentor und späterer Gatte, die Rüstungen, welche die Ziegler als Heroinen-Darstellerin auf der Bühne benötigte, selbst anfertigte. Denn vor seinem Bühnenleben war er Schlosser gewesen und die damals erworbenen Fertigkeiten kamen ihnen beiden nun zugute. Auch Claras hausfraulichen Fertigkeiten waren gefragt; sie nähte ihre Bühnengarderobe nämlich zumeist selbst.

In 38 Skizzen hat der Maler Richard Werner aus Petersburg einige dieser Kostüme festgehalten und uns somit überliefert.[80] Zudem gibt es eine Fülle von Fotografien, welche die Tragödin im Bühnenkostüm der jeweiligen Rolle zeigen.[81]

Zur Eröffnung des neuen Leipziger Stadttheaters am 25 September 1867 verkörperte Clara mit »sensationellem Erfolg« die *Iphigenie* von Goethe.[82] Diese Rolle beförderte ihre Karriere stark und trug letztendlich zum Weltruhm der Ziegler bei.

Clara Ziegler als Iphigenie (Goethe: Iphigenie auf Tauris). In dieser Rolle eröffnete sie 1867 das neue Leipziger Stadttheater mit »sensationellem Erfolg«.◀

Denn allmählich konnte sie sich vor Angeboten bekannter Theater kaum mehr retten: Meiningen, Berlin und Wien zeigten großes Interesse an ihr. Nach einem erfolgreichen Gastspiel an der Münchner Hofbühne im Dezember 1867, kehrte Clara zwar nach Leipzig zurück, schloss aber bereits am 31. Dezember 1867 einen Kontrakt zu sehr vorteilhaften Bedingungen für die neue Spielzeit mit dem Berliner Hoftheater: »3000 Thaler Gage, 200 Thaler Garderobengeld, 5 Thaler Spielgeld im ersten und im zweiten 10 Thaler, Urlaub 10 Wochen.«[83]

Das Jahr in Leipzig ging nun zu Ende. Von September 1867 bis September 1868 war Clara Ziegler dort 109 Mal aufgetreten. Die guten Theaterverhältnisse unter der Leitung von Direktor von Witte hatten aus der Anfängerin eine erfahrene Tragödin und Heroinen-Darstellerin gemacht. In Leipzig hatte sie sich ein diesbezügliches Repertoire erarbeiten und auf der Bühne mit großem Erfolg erproben können.

Am 1. Oktober 1868 verabschiedete sich Clara Ziegler in einer Benefizvorstellung als Judith in Hebbels gleichnamigem Trauerspiel von ihrem Leipziger Publikum. Das Theater war ausverkauft und nahm über 1129 Reichstaler ein – die höchste Summe jemals, wovon Clara ein Drittel erhielt.[84] Trotz herrlicher Aussichten fiel ihr der Abschied schwer. Hier war sie die Ruhmesleiter emporgestiegen, getragen von rauschenden Ovationen, und verabschiedet von ihrem Publikum als gefeierter Star. »Bei ihrer Abreise hatten sich tausende von Menschen am Bahnhofe versammelt, ihr Waggon war von aussen mit Blumenguirlanden und im Innern mit Palmen und exotischen Pflanzen geschmückt und als der Zug sich in Bewegung setzte, erscholl ein tausendfaches, langanhaltendes ›Lebwohl!‹«, so beschrieb ein Augenzeuge die Abfahrtsszene.[85]

Hoftheater München

Für das Münchner Publikum der Hofbühne war Clara Ziegler keine Unbekannte. Bereits am 20. November 1867 hatte sie ein Schreiben des Hoftheaters mit der Zusage von drei Gastrollen im Dezember erhalten. Sie war im Hotel *Vierjahreszeiten* abgestiegen, wo ihr Mentor Christen sie erwartete. Damals spielte sie die Johanna (Schiller: *Jungfrau von Orleans*), dann die Orsina (Lessing: *Emilia Galotti*) und am 23. Dezember die Isabella in Schillers *Braut von Messina* –, wurde dabei mehrmals vor den Vorhang gerufen und sogar auf offener Szene applaudiert.[86] Offenbar stand sie mit Christen gemeinsam auf der Bühne, denn sie notierte begeistert: »Es waren 10 der glücklichsten Tage, die ich in meinem Leben durchlebte.«[87]

Etwas voreilig hatte Clara am Ende ihrer Spielzeit in Leipzig 1868 einen Vertrag mit der Berliner Hofbühne unterzeichnet, nun erhielt sie allerdings ein verlockenderes Angebot aus München: ein zehnjähriges Engagement als Hofschauspielerin mit Pensionsansprüchen! Nur mit Mühen und Zusagen für Gastspielauftritte konnte der Berliner Vertrag gelöst werden.

Am 15. Oktober 1868 trat Clara Ziegler dann als Judith (Hebbel) auf die Bühne des Münchner Hoftheaters. So sehr sie sich auf München gefreut hatte, so warm sie dort empfangen wurde – fühlte sie sich doch nicht recht wohl. Sie wünschte, öfter aufzutreten, nicht nur drei oder vier Mal im Monat. Von Leipzig her war sie es gewohnt, 12 bis 15 Auftritte monatlich zu absolvieren. Zu dieser Zeit stand Clara auf dem Höhepunkt ihrer Leistungsfähigkeit, ihrer Kraft und Spielfreude, die in München nicht befriedigt wurde.

In dieser unbefriedigenden Situation kam ein Gastspielantrag vom Wiener Burgtheater für den März 1869 gerade zur rechten Zeit. »Die Wiener waren von ›Isabella‹-Ziegler in ›*Braut von Messina*‹ (9. März) geradezu enthusiasmiert. Von diesem Abend an wurden die Plätze für ihr Gastspiel mit 50 und 100 fl. bezahlt; Leute, die sonst nur in den Ranglogen gesehen wurden, saßen in den letzten Parterre-Bänken! Als ›Jungfrau von Orleans‹ wurde sie 24 und in ihrer Abschiedsrolle als ›Deborah‹ 35 Mal gerufen. Nach Schluss der letzten Vorstellung schauerte ein wahrer Hagel von Beifall nieder. Das Publikum wollte das Haus nicht verlassen, immer wieder musste Ziegler sich zeigen, nur um ihre Stimme nochmals zu hören, zwang man sie zum ›Reden‹ und als sie endlich sprach: ›Mögen Sie der Scheidenden, wie sie Ihnen, ein freundliches Andenken bewahren‹, da ging der vielstimmige Ruf durch's Haus: ›Nicht scheiden, dableiben!‹«, berichtete ein Zeitgenosse.[88] Eine besondere Auszeichnung erhielt Clara Ziegler nach ihrem Gastspiel am Burgtheater aus der Hand des Hofschauspielers Karl Rettich: Er schenkte ihr »mit überaus schmeichelnden Worten« ein Etui mit zwei bronzenen Medaillen »zum Andenken an seine Gattin, die berühmte Julie Rettich«[89]. Die große Burgschauspielerin war bereits 1866 verstorben.

Um Clara Ziegler zu gewinnen, bot ihr die Wiener Intendanz einen »glänzenden Kontrakt« an.[90] Daraufhin verbesserte die Münchner Hofbühne, um sie zu halten, ihren Vertrag mit Gewährung eines sechsmonatigen Urlaubs, damit sie ungehindert Gastspielreisen unternehmen könne.

So trat die Ziegler im April / Mai 1870 in Breslau und Graz auf. Am 11. Juni 1870 spielte sie im Königlichen Opernhaus zu Berlin die Phädra in der Fassung von G. Conrad, dem Pseudonym des Prinzen Georg von Preußen. Begeistert von der Leistung der Tragödin schenkte Prinz Georg ihr ein goldenes Diadem, ein Collier mit drei Medaillons sowie Ohrgehänge, die mit Granaten besetzt waren. Diesen sogenannten Phädra-Schmuck trug Clara Ziegler nun immer, wenn sie in dieser Rolle auf der Bühne stand.[91]

In München gewann die Heroinen-Darstellerin auch die besondere Aufmerksamkeit des Königs. Ludwig II. sah sie wiederholt in seinen Separatvorstellungen und sandte ihr kostbare Dankesgeschenke. In einem Brief berichtete Clara darüber: »Sechsmal trat ich vor Ludwig II. in Separatvorstellungen auf und wurde stets mit reichen Geschenken ausgezeichnet. Die sinnige Art, wie der König die Geschenke auswählte, ist allgemein bekannt. Bei der Audienz, die ich nach ›Maria v. Schottland‹ erhielt, machten die märchenhafte Schönheit und die traumverlorenen Augen des Königs einen unauslöschlichen Eindruck auf mich.«[92]

Insgesamt wurden es schließlich an die zehn Auftritte in den Separatvorstellungen des Märchenkönigs.[93]

Trotzdem verliefen die Jahre am Münchner Hoftheater nicht ungetrübt. Von einem Gastspiel in Hamburg im April 1869 kam Clara Ziegler am 4. Mai morgens um zehn Uhr zwei Tage zu spät in München an und erhielt wegen unerlaubter Urlaubsverlängerung eine Strafe von 160 Talern.[94] Unzufrieden mit ihrer Situation am Hoftheater reichte sie am 18. Mai 1869 ein Entlassungsgesuch bei Ludwig II. von Bayern ein, wozu sie eigens hinaus an den

Bei einem Berliner Gastspiel im Königlichen Opernhaus 1870 verkörperte Clara Ziegler die »Phädra« (von G. Conrad = Prinz Georg von Preußen). Ihre Karriere als gefeierte Tragödin hatte bereits begonnen. ▶

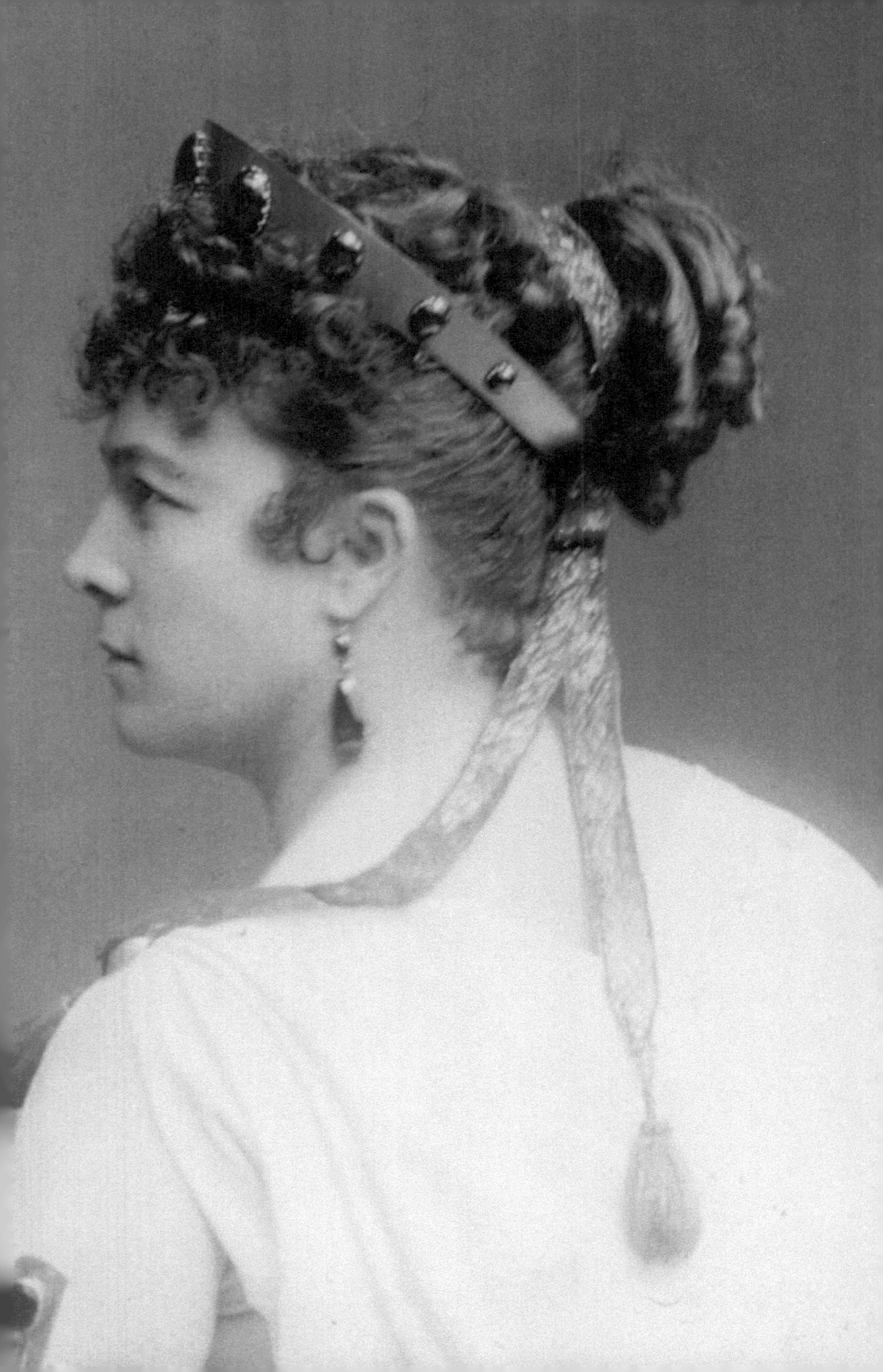

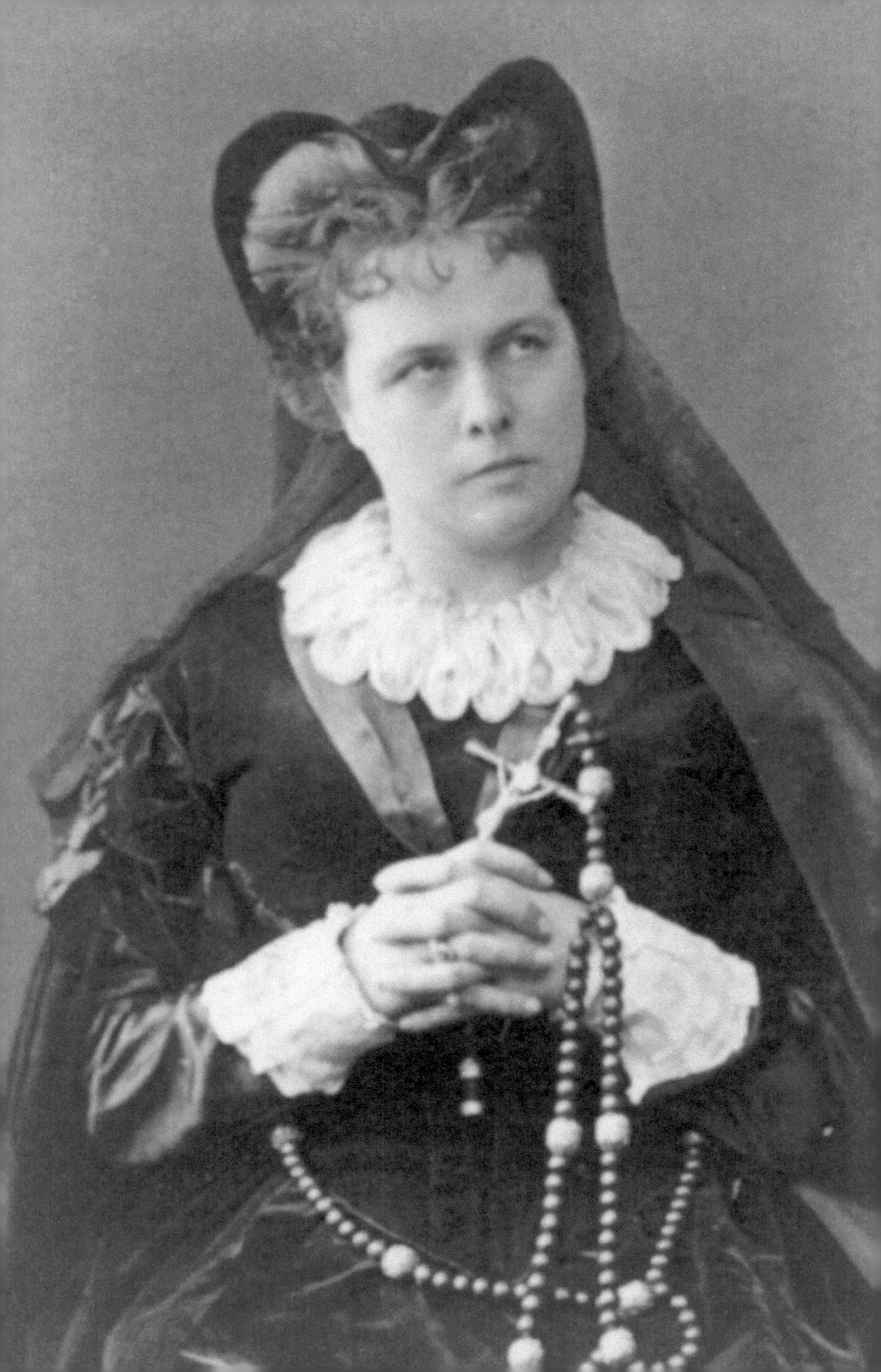

Starnberger See ins Schloss nach Berg fuhr. Allerdings weigerte sich der König, sie gehen zu lassen.[95]

So nutzte Clara Ziegler ihre sechsmonatige Beurlaubung pro Jahr jeweils zu Gastspielen, die lukrativer waren als ihr festes Engagement in München. 1870 trat sie beispielsweise im Deutschen Theater zu Budapest auf, wo sie nach der Vorstellung vom Verwaltungsrat einen Ehrenkranz mit der Aufschrift »Der ersten Heroine Deutschlands, der genialen Künstlerin als Zeichen wahrster Verehrung« überreicht bekam.[96]

In den Monaten März bis September 1872 spielte Clara Ziegler an mehreren deutschen Theatern und erhielt insgesamt eine Gage von 44 747 Gulden. Im Mai und Juni 1873 stand sie abermals in Wien auf der Bühne für 13 000 Gulden. Mit solch hohen Einnahmen war sie damals eine der bestverdienenden Schauspielerinnen überhaupt.

Trotzdem neigte sich für Clara Ziegler die Zeit in München allmählich dem Ende zu. Denn hinter den Kulissen gärte es und Eifersüchteleien machten ihr das Leben schwer. Überliefert wird, dass sich Clara Ziegler, wegen »allerlei Anfeindungen verbittert«, von der Hofbühne zurückgezogen habe.[97] Der Hauptgrund für ihre Unzufriedenheit lag jedoch in der Unterforderung, wie sie selbst gestand: »Zu meinem tiefsten Bedauern mußte ich aber schon bald nach meinem Eintritte die Wahrnehmung machen, daß meine idealen Anschauungen von dem Berufe und der Stellung einer Künstlerin hier nicht den gedeihlichen Boden gefunden haben, und dass dem künstlerischen Streben sich hier Widerwärtigkeiten und kleinliche Hindernisse entgegensetzen, die lähmend und entmutigend zu wirken geeigenschaftet sind [...]. Vor allem hat es mich tief geschmerzt, meinen Eifer dadurch herabgestimmt zu sehen, daß ich bis in die neueste Zeit und bis zur Rückkehr von meinem letzten Urlaube eine völlig ungenügende Beschäftigung hatte.«[98]

Im Tagebuch listete Clara ihre Auftritte am Münchner Hoftheater auf: Sie zählte 214 Vorstellungen; darunter subsummierte sie aber auch ihren ersten Versuch 1862 und die vier Gastauftritte 1867, sowie die Separatvorstellungen für König Ludwig II., zuletzt am 9. Mai 1875 als der König ihr zum Dank ein Medaillon mit Türkisen und Brillanten verehrte.[99]

Die »Maria Stuart« (Schiller) im historischen Kostüm gab Clara Ziegler in einer der zehn Separatvorstellungen für König Ludwig II. von Bayern.◀

Nach fünf Jahren verließ die Tragödin schließlich im Juli 1874 (offizielles Vertragsende war der 1. Dezember) das Münchner Ensemble und widmete sich in den Folgejahren nur mehr ihren Gastspielreisen. In diesem Zusammenhang trat sie dann auch noch mehrmals in München bis 1902 auf.

Gastspielzeit

Clara Ziegler ließ sich jetzt nicht mehr an eine Bühne binden, mit Ausnahme eines längeren Gast-Engagements am Berliner Theater 1888/89. Lieber spielte sie regelmäßig auf ihren Tourneen durch Europa (Russland, Holland, Schweiz, Österreich, Ungarn) in allen größeren Städten und zog dabei von Erfolg zu Erfolg: In Stuttgart sollen 1876 die Menschen eine ganze Nacht hindurch an der Kasse des Hoftheaters angestanden haben, um eine Eintrittskarte zu erhaschen. Am Hoftheater in Hannover, wo sie 1876 die *Jungfrau von Orleans* spielte, wurde die Ziegler 27 Mal und nach einer Aufführung in St. Petersburg »nicht weniger als 52mal« vor den Vorhang gerufen.[100] Zahllose Blumenkörbe sowie goldene und silberne Lorbeerkränze überreichte man der großen Tragödin beispielsweise in Berlin, Graz, Pest und Amsterdam (Gastspiel Januar/Februar 1877). Während einer Vorstellung in St. Petersburg im Dezember 1878 regneten an die 500 Rosensträuße auf die Bühne und 1886 in Kassel spannten begeisterte Zuschauer der Künstlerin die Pferde aus und zogen den Wagen eigenhändig bis zu ihrem Hotel.[101] Bei einem Gastspiel im Dezember 1879 in Winterthur gingen wegen starker Nachfrage sogar die Theaterbillets aus und es »wurden extra Eintrittskarten gedruckt, worauf nur stand ›Ziegler-Vorstellung‹.«[102]

In diesen Jahren zählte Clara Ziegler »zu den leuchtendsten Gestirnen am Himmel der deutschen Kunst«.[103] Sie hatte ihr Ziel erreicht und war zur größten Tragödin der deutschsprachigen Bühnen geworden.

Die Ziegler trat in allen bekannten Theatern auf und spielte sowohl in Bremen, Hamburg, Weimar, Dresden, Leipzig, Halle, Breslau, Berlin, Frankfurt am Main, Wiesbaden, Meiningen, Coburg, Mannheim, Mainz, Darmstadt, Köln, Bonn, Nürnberg, Fürth, Bamberg, Regensburg und München, als auch in Prag, Graz, Brünn, Budapest, Wien, Metz, Stettin, Breslau, Bern, Basel, St. Gallen, Winterthur, Dessau, Amsterdam, St. Petersburg, Königsberg und vielen Orten mehr.

Die großen Rollen ihrer Gastspielreisen ab 1875 waren unter anderem Grillparzers *Sappho*, Kleists *Penthesilea*, die Margarethe in *Die Erzählungen der Königin von Navarra* (Scribe / Legouvé), Siegerts *Klytämnestra*, die Marfa in Schillers *Demetrius*, die Johanna in Schillers *Jungfrau von Orleans*, Goethes *Iphigenie*, Conrads *Phädra* sowie die Metella in *Die Patrizierin* von Voß. Nach Clara Zieglers Debüt in dieser Rolle schrieb ihr der Autor des Theaterstückes begeistert: »Verehrte gnädige Frau! / Meinen Dank für Ihre wunderbare, ganz einzige Darstellung meiner ›Metella‹ in der ›Patricierin‹ vermag ich keinen lebhafteren Ausdruck zu geben, als Ihnen mein Drama als Eigentum zu Füßen zu legen. Gebieten Sie darüber, wie überhaupt über / Ihren Verehrer Richard Voß.«[104]

Clara hielt aber nicht nur die großen Erfolge in ihrem Tagebuch fest, sondern auch andere Erlebnisse ihrer Gastspielreisen. So war sie im Dezember 1874 im *Russischen Hof* zu Altenburg abgestiegen (16. Dezember bis 22. Dezember), dabei ereignete sich Folgendes: »In Altenburg wären wir bald erstickt durch die unvorsichtige Heitzung eines Dieners. Die Klappe fiel in der Nacht zu.«[105] Gott sei Dank wurde dieses Malheur noch rechtzeitig entdeckt und behoben. Nach einem Gastspiel in Köln am 15. Dezember 1878 bekam die Tragödin eine »Einladung zur Schlaraffia« und wurde dort zum »Ehrenmitglied« ernannt. Sie notierte: Es war ein »sehr lustiger« und auch feuchtfröhlicher Abend; ich »erhielt in der Schlaraffia den Namen ›Brunhild mit dem angenehmen Lächeln‹.«[106] Nicht immer waren die Theaterbauten prächtig und die Räume für die Schauspielerinnen bequem. Über das Stadttheater in Alsfeld, wohin Clara Ziegler am 3. März 1880 von München aus zu einem Gastspiel reiste, heißt es in ihrem Tagebuch: »Ich erhielt die schlechteste Garderobe, die mir je angewiesen wurde. Aber sonst sehr liebenswürdig behandelt.«[107] In ihrer Freizeit gab es auch interessante Besichtigungen: »In Alsfeld sah ich zum erstenmal die Fabrikation des Seidensamtes und der Webereien von Seide.«[108] Am 7. Juni 1880 fuhr Clara nach Dresden und hielt fest: »Prachtvolles Gastspiel nach neun Jahren zum ersten mal wieder in Dresden. Neues Theater sehr schön, aber mit vielen Fehlern.«[109] Sie spielte in Dresden an sieben Abenden und erhielt dafür 4200 Mark.[110] Zehn Auftritte in Breslau (16. September bis 2. Oktober 1880) erbrachten rund 7818 Mark. Trotz der guten Einnahmen blieb

Clara Ziegler in vielen Dingen bescheiden. So schneiderte sie den ganzen Sommer des Jahres 1881 über ihre Kostüme für das Theaterstück die *Patrizierin*, welches im Oktober 1881 in Breslau aufgeführt wurde.[111] Nach einem Besuch in Wien, wo sie oftmals erfolgreich aufgetreten war, notierte Clara Ziegler 1892 folgendes Erlebnis: »Der Sänger Schmitter von der Gesellschaft ›Schrammerln‹, die in ›Alt-Wien‹ im Garten ein Concert gaben, sang als er mich sah einen Couplet-Vers auf mich. Nach Beendigung desselben brach ein endloser Jubel los. Alle wollten mich in der Nähe sehen und es entstand ein lebensgefährliches Gedränge. Prinz Reuß reichte mir seinen Arm und nur mit Mühe konnte er seine Gemahlin und mich in Sicherheit bringen.«[112] Zu Beginn des Jahres 1893 spielte sie anlässlich des 25jährigen Jubiläums des Leipziger Stadttheaters dort die Iphigenie und gab anschließend im Februar zwei Vorstellungen in Halle (Medea und Iphigenie). Da in Halle jedoch die Cholera ausgebrochen war, wohnte Clara weiterhin in Leipzig und fuhr nur abends zur Vorstellung hin und danach sofort wieder zurück.[113]

Clara Zieglers Gastspieljahre wurden jäh im Dezember 1881 bis November 1884 von einer schweren Krankheit, dem Tod ihres Gemahls und daraus resultierenden Depressionen unterbrochen. Danach setzte sie ihre Bühnenerfolge jedoch fort. Am 27. April 1903 trat die große Tragödin zum letzten Mal auf, bevor sie sich von der Bühne gänzlich zurückzog. Sie spielte in Prag zum Abschied die Klytämnestra im »Neuen deutschen Theater«.[114]

KAPITEL 4

»ein Zeichen des Glücks«

Ehe und Privates

Heirat – Zuhause – Schatten und Licht

Heirat

Im Sommer 1876 bestellten Clara Ziegler und Adolf Christen das Aufgebot. Dazu hielt die Braut fest: »Den 20. Juli war ich mit Christen beim Standesbeamten Schrott, um unsere Papiere abzugeben und wir wurden sofort an die Tafel gehängt. Den 23. Juli habe ich das Abendmahl genommen und zwar ganz allein Morgens 9 Uhr. Der Pfarrer Buchrather hat es mir gereicht und hielt mir eine ergreifende Rede. Nur allein, wenn man das Abendmahl nimmt, erhält es seinen Werth, ich fühlte mich unendlich wohl und glücklich, in gehobener Stimmung. Auf dem Heimwege sah ich Schafe, ein Zeichen des Glückes, leider gingen sie von mir fort. Das wird doch keine schlimme Vorbedeutung haben, daß, indem ich mich verheirathen will, das Glück von mir sich entfernt.«[115]

Einen Monat später, im August, heiratete Clara ihren Mentor Adolf Christen zu München.[116] »An einem Freitage fand unsere Vermählung statt«, schrieb sie in ihr Tagebuch, »um 11 Uhr auf dem Standesamte, um 12 Uhr in der protestantischen Kirche in der Sakristei. Pfarrer Buchrather traute uns. Auf dem Standesamt hatten wir als Zeugen die zwei Schreiber vom Notar Hofmann in der Herzogspitalstr. Wir wollten alles Aufsehen vermeiden und so war dann auch nur ein neugieriges Frauenzimmer da, auch die wäre nicht da gewesen, hätte sie mich nicht hinaufgehen sehen. Ich hatte mein schwarzseidenes Kleid an und meinen Hut mit Veilchen [...] Zwischen dem Standesamt und der Kirche mußte Christen sich stärken, weil er sehr nervös wurde.«[117]

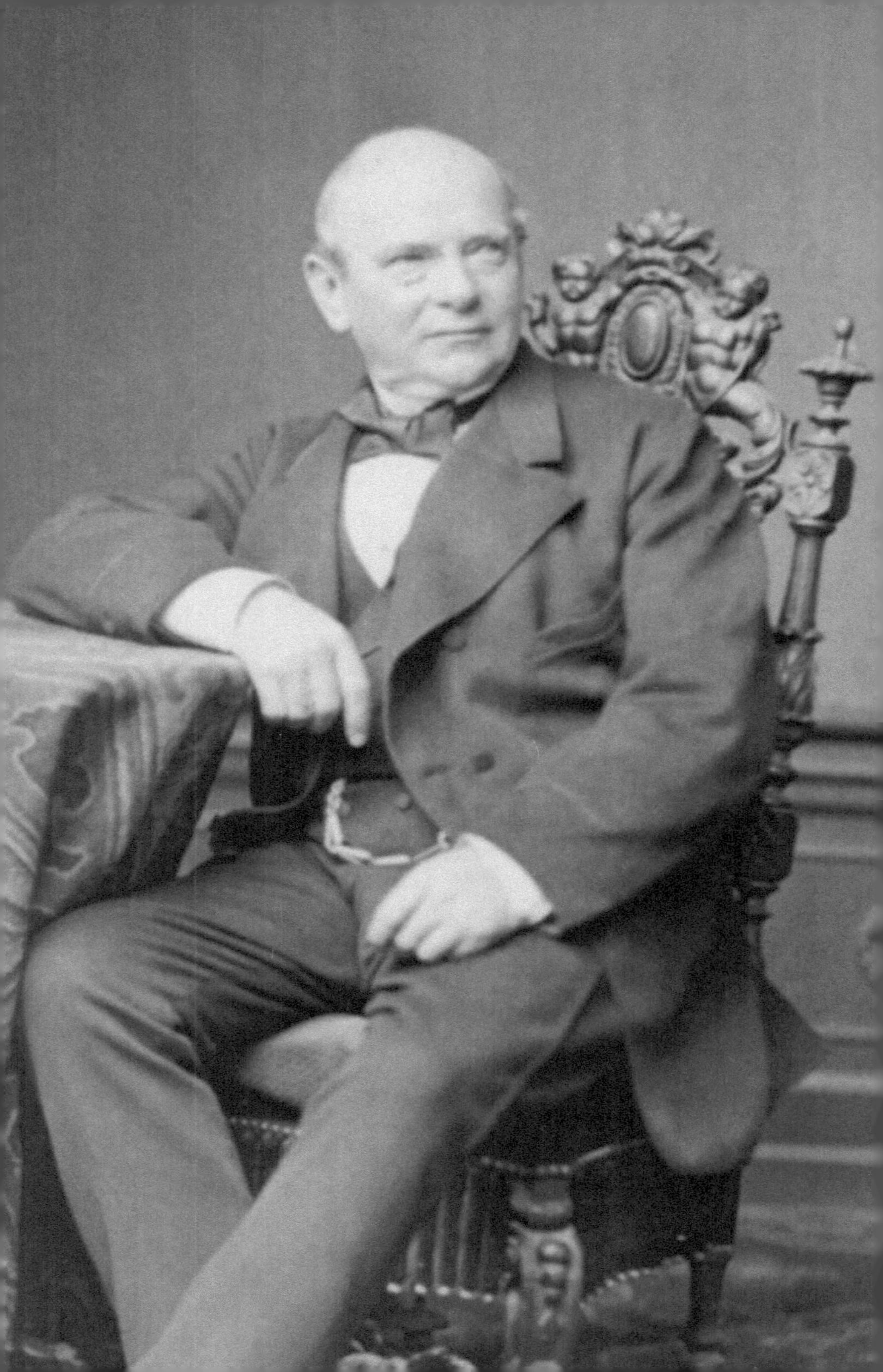

Claras Mutter und ihre Schwester Augusta, denen die Eheschließung mitgeteilt wurde, antworteten offenbar nicht in geeigneter Form, wie die Braut in erzürnten Worten notierte, die teilweise nachträglich heftig durchgestrichen und geschwärzt wurden.

Allerdings hatte ihr die Mutter bereits am 21. Juli 1876 folgenden Glückwunschbrief geschrieben:

»Meine liebe Clara!

Du willst Dich ernstlich verheirathen? Du hast ganz recht und es überrascht mich gar nicht. Ich sende Euch meinen mütterlichen Segen und Glückwünsche vom Grunde meines Herzens. Der gütige Himmel erhalte Euch lange einander und schenke Euch Gesundheit und alle Freuden der Liebe und der häuslichen Glückseligkeit.

Grüße Euch recht vielmals und verbleibe in aller Liebe

Euere Mutter Ziegler.«[118]

Warum es trotzdem zu Unstimmigkeiten kam, entzieht sich unserer Kenntnis.

Clara Ziegler ehelichte den um so viele Jahre älteren Adolf Christen nicht – wie oftmals vermutet – aus Dankbarkeit, sondern aus echter Zuneigung. Das kann man bereits dem vorehelichen Tagebucheintrag vom 8. Oktober 1875 entnehmen: An diesem Tag »wurde Christen so krank, daß ich glaubte er stirbt mir [...] O Gott, welche Angst befiel mich. Wenn er mir stirbt, bin ich grenzenlos unglücklich. Denn ich habe wieder empfunden, daß ich ihn doch sehr liebe und ihn nicht entbehren könnte. Mein Leben wäre schrecklich ohne ihn.«[119]

Alte Münchner hätten jedoch erzählt, dass sie nie gemeinsam ausgegangen seien: »Denn Christen war klein und Clara Ziegler einen Meter fünfundachtzig groß.«[120]

Claras Ehemann war am 7. August 1811 in Berlin zur Welt gekommen. Nach einer kaufmännischen Ausbildung und einer Tätigkeit als Maschinenschlosser widmete er sich ab 1830 ausschließlich dem Theater und wanderte lange von Bühne zu Bühne. Am 1. Oktober 1842 kam Christen nach München ans Hoftheater, dort blieb er dreißig Jahre lang. Sein natürliches Spiel, seine elegante

1876 heiratete Clara Ziegler in München ihren langjährigen Mentor und Freund Adolf Christen. Dieser hatte sich als beliebter Charakterdarsteller 1874 von der Bühne zurückgezogen.◀

Erscheinung, sein feiner Humor und seine angenehme Stimme begeisterten das Publikum. 1874 zog sich der erfolgreiche Charakterdarsteller und »vollendete Bonvivant« von der Bühne zurück.[121]

Aus einer ersten Ehe brachte Adolf Christen eine Tochter namens Elisabeth mit, die nun Claras geliebtes Lieschen bzw. ihre Lisbeth wurde. Mit dieser Stieftochter verband Clara eine lebenslange innige Beziehung, zumal Elisabeth unverheiratet blieb und ihre Stiefmutter auf vielen Reisen begleitete.

Zuhause

In München, ihrer Heimatstadt, zog Clara Ziegler mehrmals um: Zunächst wohnte sie »ganz allein« in »unserer« Wohnung, die lag seit dem 12. April 1864 in der Veterinärstraße drei (erste Etage).[122] Davor hatte sie seit dem 17. November 1862 in der Amalienstraße 59 / zweiter Stock gewohnt.[123] Wer mit ihr in »unserer« Wohnung lebte, bleibt ungewiss. Schließlich übersiedelte sie von der Amalienstraße am 12. Oktober 1868 in die Barerstraße 28 / dritter Stock, am 29. September 1869 in die Karlsstraße 1a, 1871 in die Maximilianstraße und lebte ab dem 10. Oktober 1874 in der Königinstraße zwölf.[124]

Im Januar 1873 hatte Clara Ziegler ein Grundstück in der Königinstraße zwölf (ab 1876 Nummer 25) um 40 000 Mark erworben[125] und eine Villa darauf erbauen lassen. Sie zog im Oktober 1874 in das einstöckige Palais ein, das nunmehr zum Heim der Schauspielerin wurde.

Auch nach außen hin machte die Villa auf den Beruf der Bewohnerin aufmerksam, denn auf ihrer Kuppel tanzte ein Genius und die großen eisernen Einfahrtstore zierten »Embleme der Schauspielkunst«.[126]

Der Bau einer repräsentativen Villa war in den sogenannten Gründerjahren ein gesellschaftliches Muss. Mit diesen herrschaftlichen Häusern demonstrierte man seinen sozialen Rang sowie seinen wirtschaftlichen und beruflichen Erfolg. Auch Clara Ziegler zeigte damit an, dass sie sich ein großes Vermögen erarbeitet hatte. Zunächst bewohnte sie ihre Villa nur mit der Dienerschaft, nach ihrer Heirat jedoch gemeinsam mit ihrem Ehemann Adolf Christen und dessen Tochter Elisabeth.

Elisabeth Christen, die geliebte Stieftochter Clara Zieglers. Sie begleitete die Tragödin auf zahlreichen Reisen und hütete deren Vermächtnis. ▶

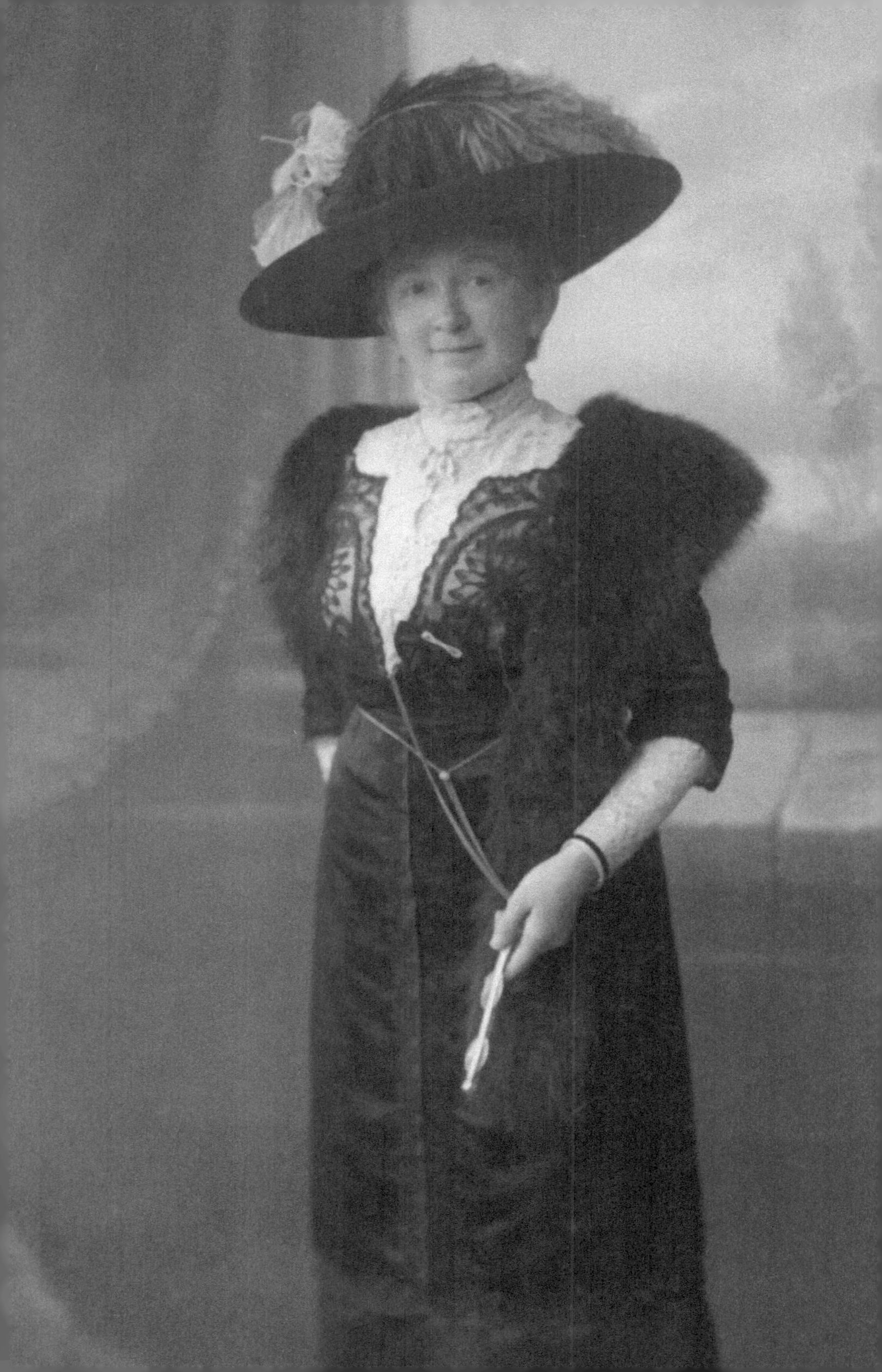

Die *Illustrirte-Frauenzeitung* von 1876 überliefert eine ausführliche Beschreibung der Zieglerschen Villa: »Unter den Häusern und Villen jener hübschen Straße am Englischen Garten in München, die man nicht mit Unrecht die Königinstraße nennt, da sie, zumal im Frühjahr, eine Königin unter den Straßen der schönen Isarstadt ist, ragt seit ein paar Jahren ein schloßartiges Gebäude hervor, das, obgleich nicht sehr groß, durch seinen kühnen Kuppelbau die Blicke aller Vorübergehenden auf sich zieht. Aus einem Vorgärtchen führt eine Treppe zu der vergoldeten Eintrittsthüre empor, die mit den Gittern vor den Fenstern und der Gallerie rings um den Sims des Hauses harmonirt. Meistens zwar sind Thür und Fenster mit schwarzen Holzjalousien verhängt, und das weiße Haus liegt mit seinen fest geschlossenen Einfahrten zu den beiden Seiten wie ausgestorben da, oder auch wie verzaubert, denn dann und wann öffnen sich doch einmal die schweren Rouleaux, und durch die leuchtenden Spiegelscheiben trifft das Auge des Vorübergehenden auf grüne, üppige Schlinggewächse und vielfarbige Blumen. Wen die Neugierde dazu treibt, recht scharf und prüfend in das große Vestibül des kleinen Schlosses zu schauen, der erblickt auch wohl die herrliche Gestalt des Perseus mit dem Medusenhaupte nach Benvenuto Cellini. / In diesem trauten Heim wohnt Clara Ziegler, die deutsche Rachel, der es mit Flügelschnelle gelang, sich einen Weltruf zu erringen.«[127]

Die Haupträumlichkeiten der Villa umfassten das Vestibül und das Treppenhaus, welches zu den eigentlichen Wohngemächern führte. Dazu gehörten das Speisezimmer, in »schwerer Eiche ausgeführt« sowie mit einem großen Spiegel und Pagodenaufbau an den Längsseiten geschmückt, der große blaue Empfangssalon bzw. das Besuchszimmer, welches von einem 42flammigen goldenen Kronleuchter über einem Rundsofa dominiert wurde und der kleinere gelbe Salon. Einfacher ausgestattet waren das Arbeitszimmer und das Schlafzimmer, die durch ihre Schlichtheit Ruhe ausstrahlten.[128]

Clara Ziegler liebte ihr Heim, was aus »vielen Kleinigkeiten« ersichtlich war. »So überzog sie zum Beispiel das Geländer des Treppenhauses selbst, und nähte und polsterte das Geländer so, wie es noch jetzt erhalten ist«, schrieb 1910 der Hofschauspieler Victor Schwanneke (1880–1931).[129]

Im April 1900 fielen Renovierungsarbeiten an. Damals ließ Clara

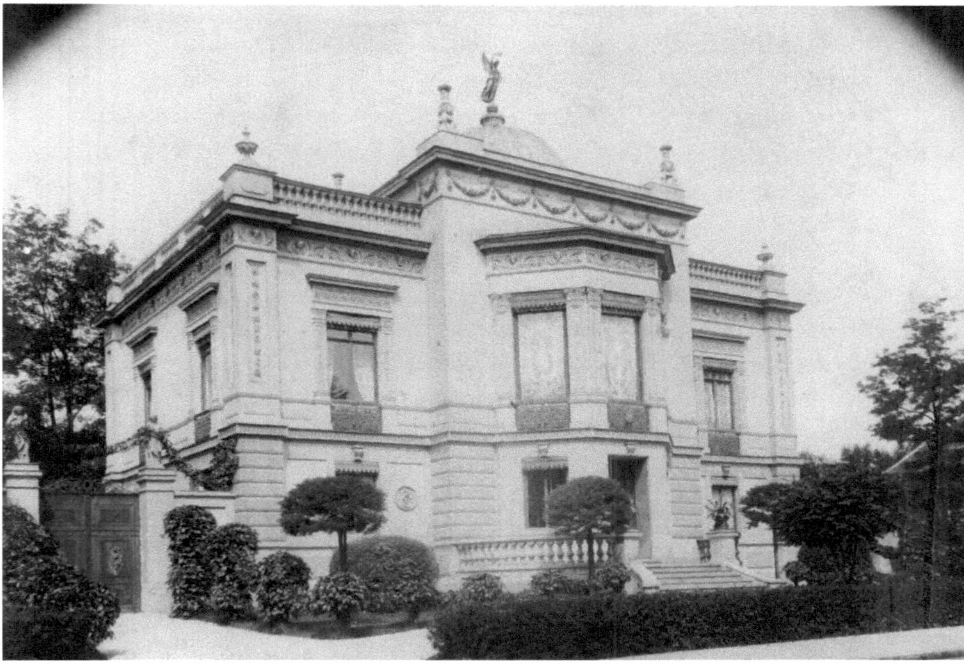

Die repräsentative Münchner Villa Clara Zieglers war seit Okt. 1874 das Heim der gefeierten Schauspielerin. Im Bombenhagel des Zweiten Weltkriegs wurde die Villa zerstört.

Ziegler den Salon neu einrichten und gab für Maler, Tapezierer, Vorhänge und Stoffe sowie für den Schreiner 1718,51 Mark aus. Zudem schloss sie eine Feuerversicherung für 40 000 Mark ab.[130]

In ihrem Zuhause bewahrte Clara Ziegler auch alle Ehrengeschenke und andere Zeugen ihrer Triumphe auf, sodass die im damaligen Geschmack reich ausgestatteten Räume »einem Museum seltener Kostbarkeiten« glichen.[131]

1935 stellte die Zeitschrift *Der Silberspiegel* unter dem Titel »Das Heim der Tragödin« Clara Zieglers Villa der Leserschaft in einigen Fotos vom Interieur vor, allerdings in einem »Stilvergleich« zwischen der eher pompös-überladenen und der einfacheren Ausstattung moderner Zeiten.[132]

Gerne gab Clara in ihrer Münchner Villa Gesellschaften und Künstler- bzw. Faschingsfeste. Auch traf man sich im Garten oder zum Schwatz auf der Straße, wie der Zeitgenosse Conrad sich erinnernd erzählte: »Lachend begrüßen wir uns immer, wenn wir uns im Hause oder auf der Straße begegneten in den ersten Jahren unserer persönlichen Bekanntschaft. Dieses heldische Schreiten der großen Frau entzückte mich stets über alle Maßen, daß ich meine Freude nicht bergen konnte. Und sie empfand offenbar ein gleiches Wohlgefallen an meiner Hochwüchsigkeit. Ich richtete mich scherzend auf den Fußspitzen auf, um sie ein merkliches Stück noch zu überragen. Wie gutmütig, fast mütterlich-liebevoll konnte sie dann über die Eitelkeit der Männer spotten, die niemals vom Weibe übertroffen sein wollen [...] Sie konnte überhaupt immer so gut bürgerlich plaudern, die geborene Münchenerin Klara, daß man ihres Berufes gar nicht gedenken mußte, so begeisterten Herzens sie auch an der Kunst hängt. / Es waren köstliche Plaudermomente, wenn wir in ihrer äußerlich so furchtbar klassisch stilisierten Behausung an der Königinstraße in dem kleinen gemütlichen Eckzimmer saßen, einander gegenüber, die Ellenbogen womöglich auf dem Tisch, und wie gute Kameraden uns das Herz ausschütteten über die Händel der Welt und der Zeitgenossen [...] Vom englischen Garten herüber glänzte der Schnee von den hohen Ulmen, oder langgezogene Amselrufe kündeten den Frühling [...] Sehr gemütlich war das immer, entzückend traulich.«[133]

Die Schauspielerin war beruflich wie privat sehr beliebt. Sie galt als freundlich, hilfsbereit und humorvoll. Ludwig Barnay, mit dem sie seit 1867 befreundet war, beschrieb sie einmal so: »Klara Ziegler ist der ehrenwerteste, treueste, argloseste und zuverlässigste Charakter, den man am deutschen Theater finden kann. Eine ausgezeichnete Schwester, eine brave Gattin, eine treue Mutter, eine Kollegin von durchaus vornehmer Gesinnung, eine zuverlässige Freundin, eine liebenswerte, prächtige Person und die ehrlichste Künstlerin.«[134]

Auch Geburtstage wurden im trauten Kreise festlich begangen: So übereichte Elisabeth ihrer Stiefmutter als Geschenk zum 55. Geburtstag deren erste Milchzähnchen – »zierlich in Gold gefaßt« – zur Erinnerung an Claras Kinderzeit.[135]

Neben ihrem Stadthaus besaß Clara Ziegler auch ein Refugium auf

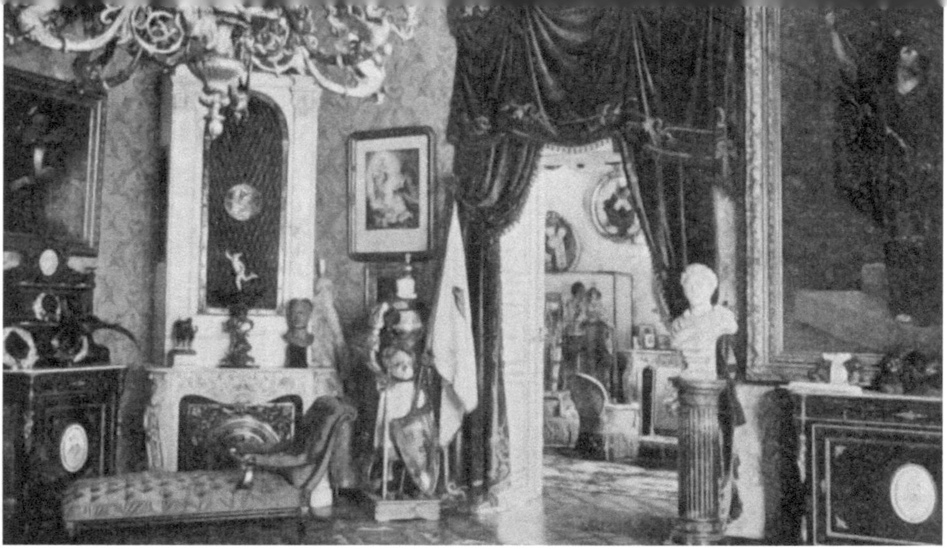

Der Große Empfangssalon mit Blick in den Gelben Salon der Ziegler-Villa. Die Postkarte zeigt bereits den späteren Museumsraum, der allerdings noch die Wohnsituation zu Lebzeiten der Künstlerin wiedergibt.

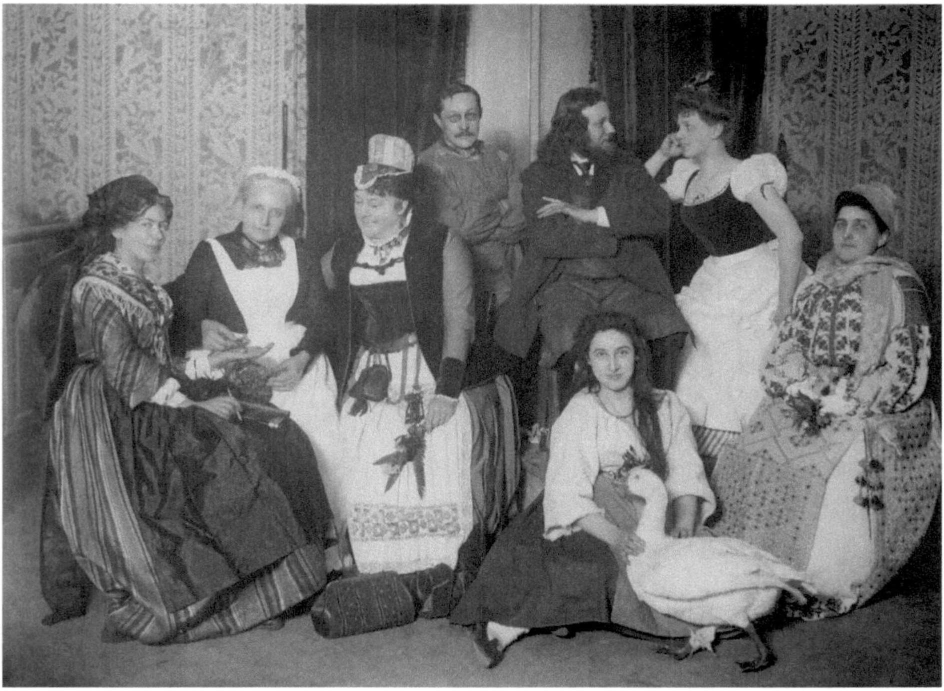

Clara Ziegler lud gerne Gäste in ihr Heim ein. Die Aufnahme zeigt den kostümierten Freundeskreis eines Faschingsfestes. Die Hausherrin ist Dritte von links.

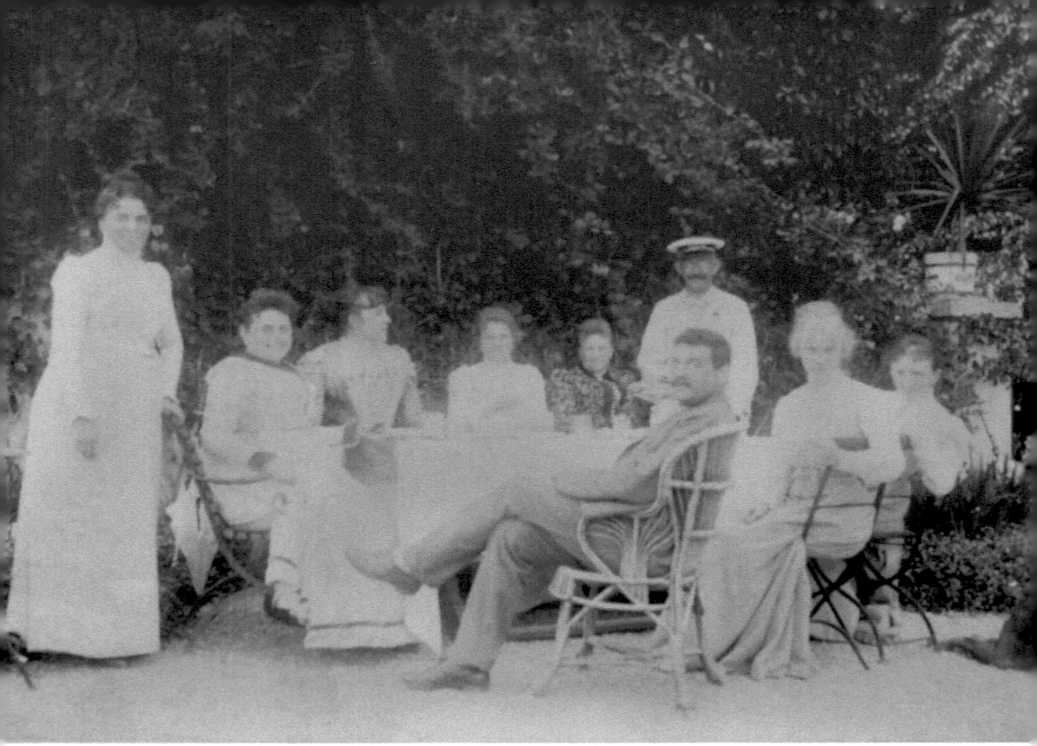

Diese Sommergesellschaft im Freien war wohl zu Gast in Clara Zieglers ländlichem Refugium – in der »Villa Allmannshausen« am Starnberger See.

dem Lande. »Villa gekauft […] für 32 000 Mark«, hielt sie am 11. August 1898 fest, und nur wenige Tage später am 19. August zog sie dort mit ihrem »neuen Diener Joseph Weiler« ein.[136] Dieses Landhaus in einem Dorf nahe Berg am Starnberger See wurde von ihr »Villa Allmannshausen« genannt. Hier weilten Clara Ziegler und ihre Stieftochter Elisabeth so oft wie nur möglich, um Ruhe und Erholung zu finden. Manchmal ging es in den Sommermonaten aber auch hoch her: Feste, sogenannte »italienische Nächte mit Lampions«, wurden veranstaltet und Gäste willkommen geheißen, berichtete noch Jahrzehnte später der Sohn des Hausmeisters.[137]

Das Landhaus in Allmannshausen mit drei Hektar Grund ging Jahre später in den Besitz Ludwig Thomas´ von der Thomasbrauerei München über und kam um 1926 in die Hände des Rechtsanwalts Bochner, der sie baulich grundlegend veränderte.[138]

In der zweiten Hälfte des 19. Jahrhunderts wurde die Gegend am

Starnberger See (Würmsee) zunehmend beliebt. Vor allem König Ludwig II. von Bayern weilte gerne in seinem Schloss zu Berg. Allmählich zog es auch die reichen Stadtleute in die Sommerfrische an den See. Einige Fabrikanten und Künstler kauften Grundstücke und Häuser, um sich in dieser herrlichen Umgebung – zumindest zeitweilig – anzusiedeln. So verwundert es nicht, dass auch die Hofschauspielerin Clara Ziegler sich in Allmannshausen ein zweites Heim schuf.

Selbstverständlich hatte sie, wie in jedem großbürgerlichen Haushalt, auch Bedienstete. Wir erfahren zumindest von einem Diener und einer Köchin bzw. Haushälterin. Unter dem 18. Oktober 1879 findet sich ein Tagebucheintrag zum Schmunzeln: »Habe ich meine Köchin Therese Schwarz nach Augsburg kommen lassen, [...] daß sie mich als Minna einmal überhaupt auf der Bühne sehen kann. Nach der Vorstellung als wir heimfuhren, hatte sie nicht den Muth mich anzusehen. Sobald eine Gasflamme (= Gaslampe) kam, blickte sie ganz bleich zu mir herüber, ob ich wohl noch dieselbe Person sei. Wir amüsierten uns köstlich darüber. Sie blieb im Hotel über Nacht und reiste den andern Tag früh 7 Uhr wieder nach Hause.«[139]

Schatten und Licht

Im November 1882 »fing Christen an sehr leidend zu werden« und Clara fühlte sich selbst nicht wohl, da eine vorausgehende Kur nicht geholfen hatte. Sie vertraute ihrem Tagebuch verzweifelt an: »Was soll daraus werden?« Und seitlich quer unter den Angaben November 82 bis Juni 83 steht zu lesen: »Nußbaum hat den Zustand von Adolph als hoffnungslos erklärt. Grauenvolle Zeit! Es geht bald über meine Kräfte!« Schließlich vermerkte sie unter dem Datum 13. Juli 1883, versehen mit einem dicken Kreuz: »Verschied morgens 9 Uhr, nach schwerem Leiden [Wassersucht] unerwartet schnell, jedoch sanft, mein lieber Mann! / Mit ihm ging mein Lebensglück dahin! / Pfarrer Buchrather segnete ihn ein.«[140]

Und weiter hielt sie fest: »Der Wunsch meines Mannes war stets, wenn er sterben sollte, so möge die Sonne scheinen, wenn sein Sarg aus dem Hause getragen wird. / Als er aufgebahrt im Salon lag, friedlich, wie schlafend lag er da, da entlud sich plötzlich ein fürchterliches Gewitter, so daß die bestimmte Stunde zur Abholung der Leiche nicht eingehalten werden konnte. / Nach einer Stunde hatte der Sturm (sich) ausgetobt und plötzlich brach die Sonne durch. In diesem Augenblick fuhr der Leichenwagen vor das Haus und wie er es gewünscht, begleitete die Sonne ihn auf den Friedhof. Dann verdüsterte sich der Himmel wieder und dichter Regen fiel nieder. Ich war allein!!«[141]

Adolf Christen fand auf dem Südlichen Friedhof zu München die letzte Ruhe. Sein Grab wurde häufig besucht, wie die Erinnerung eines Zeitgenossen wiedergibt: »Über der bayerischen Hauptstadt lasteten die grau-rötlichen Dunstwolken eines Spätherbsttages. Da schritt in mäßiger Entfernung vor mir eine Dame in Schwarz, deren Größe und imponierende Gangweise allgemein beachtet wurde. Sie trug einen mächtigen Lorbeerkranz, von dunklen Rosen durchflochten, an einem Arm und bog nun in den südlichen Friedhof ein. Ich folgte ihr, bis sie unter den neuen Arkaden vor einer in die Mauer eingelassenen Steintafel stehen blieb. / Nun wußte ich, wessen Tritten ich gefolgt war. Es war Klara Ziegler, die dem Lehrer, Freund und Gatten in wehmütigem Gedenken die duftige Herbstspende an seine Ruhestätte brachte. / Ob sie mir, umtost vom donnernden Jubel des Beifalls, mein Interesse mehr erregte als auf diesem stillen Gang, der ein goldenes Herz bekundete?«[142]

Weitere Todesfälle in der Familie verdüsterten einige Jahre ihres Lebens. Claras Tagebuch können wir folgende Einträge entnehmen: Am 13. Juni 1877 »starb in Lindau am Bodensee meine liebe Mutter geb. in Pfaffenhofen (am) 23. Nov. 1816.«[143] – »[Am] 26. April 1879 Nachts 1 Uhr verschied meine Schwester Auguste an [einer] Lungenkrankheit.«[144] – Am 30. April 1889 starb Christens Schwester bei den Diakonissen in der Arcisstraße zu München.[145] – Im Januar 1890 erhielt Clara die schlimme Nachricht, dass ihre Schwester Babette schwer erkrankt sei. Im März notierte sie: »Babetts Zustand hoffnungslos. Es ist ein Tumor.« Und am 15. März kam die Todesnachricht: »Babett in Bamberg gestorben. Die Unglückliche ist erlöst.«[146] Clara war die Erbin ihrer Schwester: Am 21. März »habe ich Hr. Amtsrichter Reichard, Amtsgericht München, Zimmer No. 4, den Ehevertrag von Babett und die Vermögensübertragung an mich übergeben.«[147] Da Babettes Kinder (Maximilian, geb. 1871, und Wilhelm, geb. 1875)[148] noch nicht volljährig waren, könnte Clara die Verwaltung des Erbes übernommen haben, zumal der Vater der Kinder offenbar nicht mehr am Leben war.

Bereits in früheren Jahren plagten Clara Ziegler Krankheiten, die sie zu mehr oder weniger langen Auszeiten zwangen. In ihrem Tagebuch notierte sie 1872, dass sie vom 15. September bis zum 2. November krank war. Ebenso im darauf folgenden Jahr (1873) hielt sie unter dem 6. Oktober fest: »Letztes Auftreten vor meiner schweren Krankheit [...] am 11. Oktober habe ich mich gelegt.« Diese Erkrankung dauerte bis in den Frühling 1874. Bereits im Januar erkundigte sich König Ludwig II. von Bayern nach ihrem Befinden.[149] Aber erst am 4. Mai 1874 besuchte sie zum ersten Mal wieder eine Theaterprobe und trat dann zwei Tage später in München auf: » Am 6. Mai erstes Auftreten nach meiner schweren Krankheit. Auf Wunsch des Königs, der mich vor meinem ersten öffentlichen Auftreten zuerst sehen wollte: Der König ließ mich schriftlich und mündlich zu meiner Genesung beglückwünschen.« Einen Tag später erhielt sie von Ludwig II. »ein Armband, ein Bouquet und eine Schmuckbrosche und Ohrringe« als Geschenk.[150]

Auf der Höhe ihres Ruhmes bedrohte ein schweres Halsleiden Clara Zieglers Karriere. Sie fürchtete ihre klangvolle Stimme zu verlieren. Deshalb unterzog sie sich klaglos qualvollen Operationen. Als sie endlich genas, kamen Wochen tiefster Angst. Denn infolge der Operationen wurde ihr der Kopf schief. Aber eines Tages erschien Clara mit einer hohen Krause um den Hals. Die Damen der siebziger Jahre waren davon entzückt. Wer elegant sein wollte, trug von heute auf morgen ›Zieglerkrausen‹ und machte der großen Tragödin Komplimente über ihre ›reizende Modelaune‹. Die Trendsetterin aber lächelte unter Qualen: »Sie allein wußte, daß die Krause auf der einen Seite mit scharfen Stacheln besetzt war, die sie blutig stachen, wenn ihr Kopf sich auf die Seite neigen wollte.«[151] Clara Ziegler besaß einen sehr starken Willen und große Disziplin.

Trotzdem überfiel sie hie und da eine depressive Phase, eine gewisse Melancholie: »Sollte Ende April und Anfang Mai (1879) nach Darmstadt, konnte aber nicht, wegen meiner Gemüthsstimmung. Mußte nach München, um mich zu erholen.«[152]

Auch andere Gastspiele wurden abgesagt, da die Tragödin seit Dezember 1881 nicht wohlauf war. Sie notierte Anfang des Jahres 1882: »[Professor] Nussbaum mußte mir Atteste für Basel, Zürich, Danzig, Königsberg schreiben«,[153] da sie einige Monate »an Halsentzündung

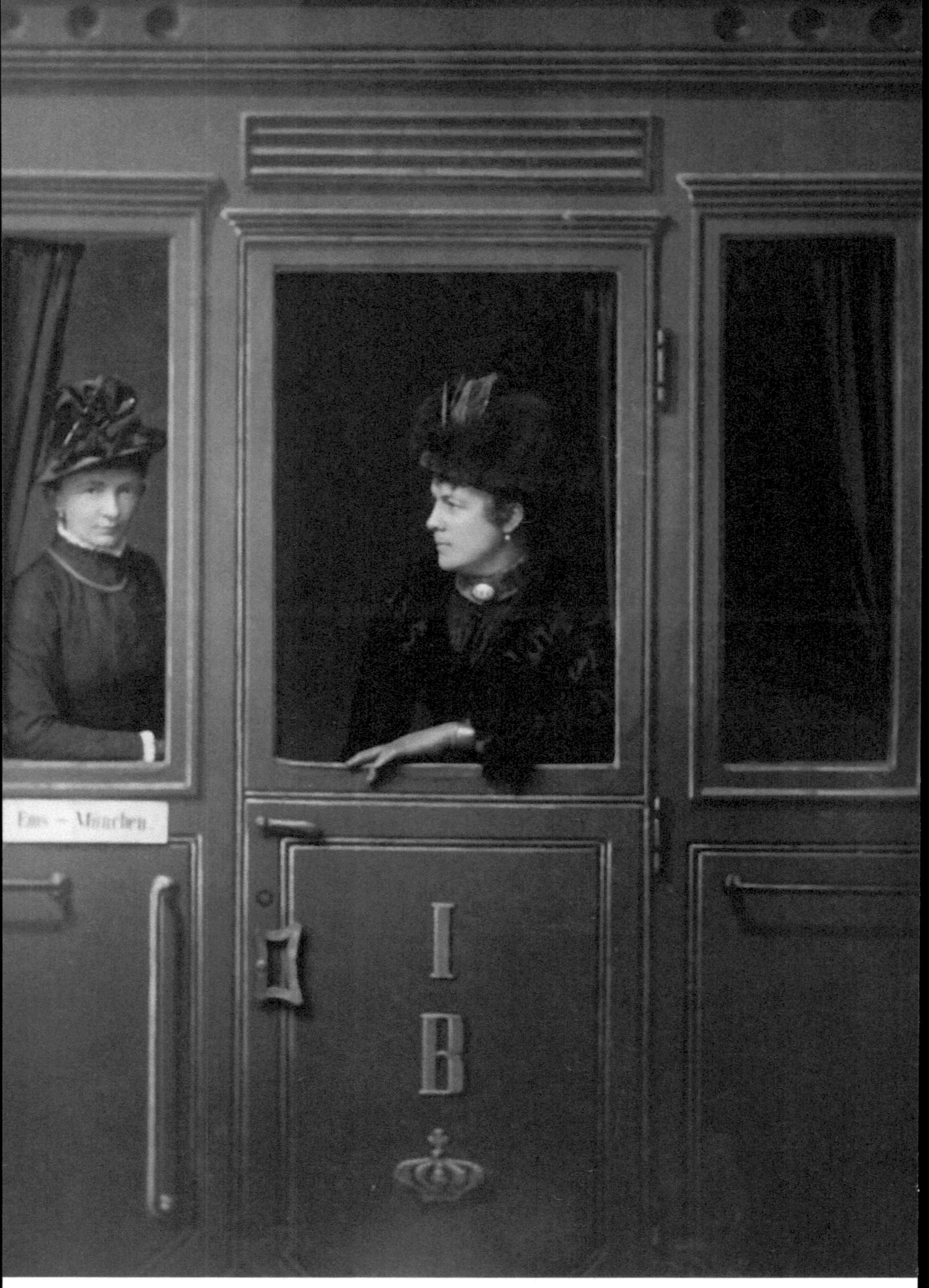
I
B

und Blutarmuth« erkrankt war. Im April und Mai reiste Clara mit Christen nach Trient, Mailand, Genua, Florenz und Venedig. Trotz des wärmeren Klimas überwand sie ihre Erkältung nicht. »Immer noch krank«, schrieb sie nieder, »Ich verzweifle bald. Bronchial Katarrh will nicht besser werden. Am Ende werde ich noch lungenkrank wie meine Schwester.«[154]

Im August 1882 fuhr Clara Ziegler in Begleitung ihrer Stieftochter Elisabeth (Lieschen) zur Kur nach Reichenhall, wo sie allerdings »immer schlechtes Wetter« hatte und sich ihr Gesundheitszustand nicht besserte. Im November 1882 nahm sie daher »Dampfbäder« in Wiesbaden. In diesen Monaten verschlechterte sich im November und Dezember 1882 auch der Gesundheitszustand von Adolf Christen. Im folgenden Jahr verstarb er am 13. Juli.[155] Nach dem Tod ihres Mannes litt Clara unter Depressionen (August 1883 bis Oktober 1884). Mit ihrer vorausgehenden Erkrankung konnte die Tragödin über zwei Jahre lang nicht mehr auftreten. Sie notierte verzweifelt: »Gemüthskrank! Mein Befinden besserte sich nicht!« – »Habe allen Lebensmuth und alle Lebenskraft verloren.«[156]

Im April bis Mai erholte sich Clara Ziegler in Bad Ems; sie hielt fest: »Kur in Ems griff mich anfangs furchtbar an, so daß ich glaubte ich müsse sterben. Dann setzte glücklich eine solche Wendung zum Besseren ein, so daß ich neue Lebenshoffnung gewann und dann steigerte sich die Besserung rapid.«[157] Im Juni 1884 nahm sie wegen schmerzender Muskeln Bäder in Wiesbaden und am 21. Juli kehrte Clara in ihr Münchner Heim zurück: »Lieschen war erstaunt über die Veränderung, die mit mir vorgegangen ist. Ich bin dem Leben wiedergegeben. Gott schütze jeden vor solcher Schreckenszeit, wie ich sie durchgemacht von Dezember 81 an.«[158]

Nun waren die dunklen Zeiten vorüber, wenn auch immer wieder einmal Halserkrankungen und andere Schmerzen zu Kuraufenthalten beispielsweise in Bad Kissingen zwangen. Am 3. November 1884 trat Clara Ziegler zum ersten Mal nach ihrer erzwungenen Auszeit wieder auf und zwar in

Clara Ziegler mit Elisabeth Christen, genannt Lieschen, im Zugabteil Bad Ems – München. Wegen gesundheitlicher Probleme suchte die Tragödin immer wieder Heilung in verschiedenen Kurorten.◀

Nürnberg. Sie vertraute ihrem Tagebuch an: »Ich betrat die Bühne mit Zittern und Zagen. Ich begann mit einer Lustspiel-Rolle, weil ich zu ängstlich war. Es ging alles gut. Ich bin glücklich!«[159]

KAPITEL 5

»die Kraft der Sprache – die Würde der Haltung«

Die Tragödin

Rollen und Darstellung – Kritik und Konkurrenz der Stile – Jubiläen und Ehrungen

Rollen und Darstellung

Aus Clara Zieglers Aufzeichnungen geht hervor, dass sie in 227 Städten an die 2000 Mal auftrat. Ihr Repertoire umfasste 68 Tragödien, 76 Schauspiele, 61 Lustspiele und 24 Volksstücke. Sie hatte alle Rollen im Kopf, eine nahezu übermenschliche Gedächtnisleistung, die größte Anstrengung abverlangte, zumal sie nach eigener Aussage nicht leicht auswendig lernte. Zu ihren Glanzrollen zählten: Orsina in Lessings *Emilia Galotti*; Kleists *Penthesilea* im gleichnamigen Stück (wozu sie eine eigene Bühnenfassung schrieb); Gräfin Terzky in Schillers *Wallenstein* sowie die Isabella in *Die Braut von Messina*; die Titelrolle der *Medea* von Grillparzer; die Brunhild in Hebbels *Nibelungen* wie auch in Geibels gleichnamigen Stück; die Elisabeth in Laubes *Essex*; zudem die Maria Stuart in Schillers gleichnamigem Drama, sowie die Sappho, die Judith, die Donna Diana, die Antigone, Lady Macbeth, Klytemnästra, Marfa und die Thusnelda in Halms *Fechter von Ravenna*. Ihre grandiose und viel bewunderte Leistung war die Titelrolle in Grillparzers *Medea*. Diese spielte sie über 300 Mal. Ihr Verdienst war es auch, dass sie nicht nur Grillparzers Theaterstücke bekannt machte, sondern ebenso das »schwer zugängliche Kleistsche Drama ›Penthesilea‹ auf die Bühne brachte.«[160]

Allesamt waren große Rollen tragischer Frauengestalten, »Menschen mit elementaren Leidenschaften, […] die zur Verkörperung einer Kunst bedürfen, die des Pathos nicht entraten kann, eine Kunst, der die mo-

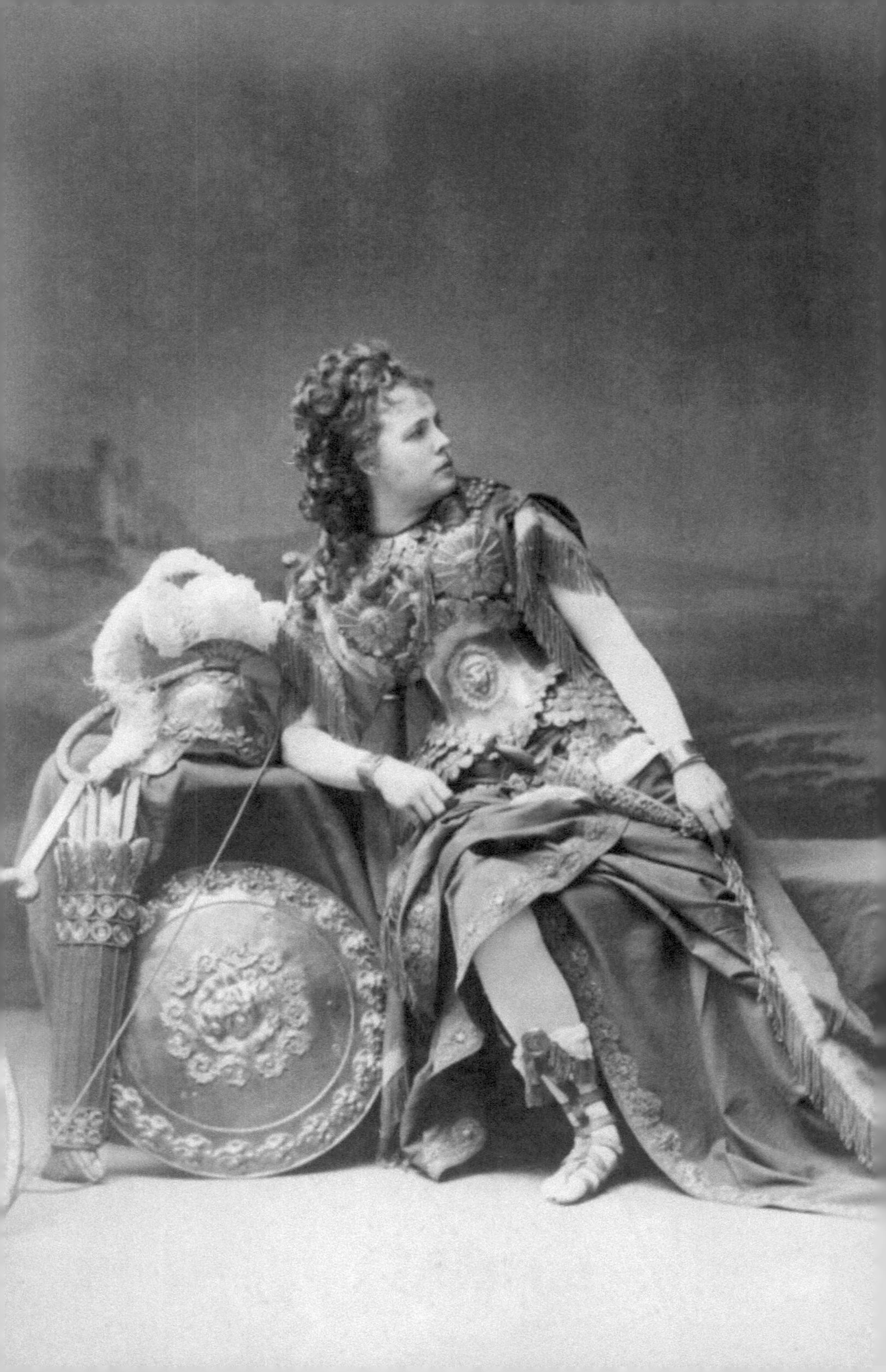

numentale Linie, die weit ausladende Gebärde eigen ist«[161], wie ein Zeitgenosse Zieglers Darstellungsweise einmal beschrieb.

Dieser Stil war in der Epoche der Gründer- und Kaiserzeit sehr gefragt und bewundert.

Wie in der bildenden Kunst der Historienmaler Wilhelm Kaulbach (1805–1874) sowie Hans Makart (1840–1884) und Carl Theodor von Piloty (1826–1886) verkörperte die Tragödin »den idealisierenden monumental-heroischen Stil, der zu ihrer Zeit in hohem Ansehen stand.«[162]

Clara Zieglers Aussehen, Figur, Körpergröße sowie ihre gewaltige Altstimme kamen diesem monumentalen Stil entgegen, ja erforderten ihn geradezu: »Die hohe, überragende Gestalt, der charakteristische Kopf mit den großen sprechenden Augen, der schön geformte Arm, diese Vereinigung körperlicher Vorzüge, die an und für sich schon Aufsehen erregte, stand bei Clara Ziegler im Dienste einer vollendeten Künstlerschaft. Dazu das herrliche Organ: diese wunderbare Altstimme, fähig, jede Regung der Seele wiederzugeben, und im Sturm der Leidenschaft von fast eherner Gewalt.«[163]

Dennoch war ihr Spiel nicht statisch-monumental; es gelang ihr auch, das Menschliche der Heldinnen hervorzuheben: »Wundervoll, die Seelen packend, war ihre Sprache, war die Hoheit und Schönheit ihrer Bewegungen. Was Klara Ziegler spielte, das lebte sie, das ward von ihr nicht selten zu Höhen emporgetragen, die sich über die Bedeutung der dargestellten Dichtungen erhoben. Denn sie spielte nicht Rollen, sie schuf lebende Menschen, gab ihnen Gestalt, die vorbildlich bleiben wird. / Ihre herrlichen äußeren Gaben waren ihr nur Mittel zur Aussprache dessen, was sie im Tiefsten bewegte und zur überwältigenden Wiedergabe hinriß. Daraus erklärt sich die ungeheuere seelische Wirkung ihrer Kunst.«[164]

Mit ihrer Schauspielkunst begeisterte Clara Ziegler die Menschen, die oftmals keine Vorstellung auf ihren Gastspielreisen versäumen wollten, wie folgender Brief einer Verehrerin vom 26. Mai 1879 (Berlin) bestätigt: »Hochverehrte Frau! / Sie wollen gütigst die Unbescheidenheit verzeihen, mit der ich mich erkühne, auf einige

Die »Penthesilea« von Heinrich Kleist galt als unspielbar. Clara Ziegler erarbeitete aus diesem Werk eigenhändig eine Bühnenfassung und feierte als Penthesilea Triumphe.◀

Momente Ihre kostbare Zeit in Anspruch nehmen zu wollen! / Endlich, endlich ist mir der lang und sehnlich erhoffte Genuß zu Theil geworden, Sie bewundern zu dürfen! Und wie herrlich sind selbst meine höchsten Erwartungen übertroffen worden! Ja, wie der Italiener von seinem Neapel spricht, so möchte ich von Ihrer Antigone sagen: ›Sieh Antigone und stirb‹! Verzeihung, denn diese Worte aus meinem Munde an Sie gerichtet, sind ja schon Entheiligung. / Auch Iphigenie noch zu sehen ist nun mein größter Wunsch, dessen Erfüllung aber eine unerläßliche Reise nach Dresden zu vereiteln droht, da meine Hoffnung, jenes Stück schon in dieser Woche auf dem Repertoire zu finden, getäuscht wurde. / Vielleicht aber könnte ich, wüßte ich nur den Tag der Aufführung der Iphigenie, meine Reise danach einrichten und diese Möglichkeit ist die Ursache meiner Kühnheit, Sie mit diesen Zeilen zu belästigen, ja sogar die noch kühnere Bitte hinzuzufügen, auf der einliegenden Postkarte mit nur einem Worte den Tag der Iphigenie-Aufführung mir mitzutheilen; ich könnte ja möglicherweise, wenn ich sofort abreise noch rechtzeitig zu derselben zurück sein. / Wenn Sie nur den Tag der Vorstellung, oder falls diese gar nicht stattfindet ein einfaches ›Nein‹ schreiben wollten, wie glücklich und dankbar würden Sie mich machen; nicht nur, indem Sie mir die Möglichkeit geben, der Vorstellung beizuwohnen, sondern auch durch den Besitz einer Zeile von Ihrer verehrten Hand. / Nochmals bitte ich um Verzeihung für meine Kühnheit, aber seien Sie gewiß, daß nur der sehnliche Wunsch die Iphigenie zu sehen und die Angst sie zu verfehlen, mich veranlassen konnten, Sie von ganzem Herzen um jenes eine Wort zu bitten, meine Dankbarkeit dafür aber würde ohne Grenzen sein! / In tiefster Verehrung / Anita Augspurg.«[165]

Anita Augsburg (1857–1943) trat zunächst fünf Jahre lang als Schauspielerin beispielsweise in Meiningen (1881 / 82) auf, ließ sich schließlich in München als Fotografin nieder, bevor sie in der Schweiz studierte und sich dann als promovierte Juristin für die Rechte der Frauen einsetzte.[166]

Auch hochgestellte Personen waren von Clara Zieglers Kunst begeistert. Bei einem Kuraufenthalt in Bad Kissingen – hier hielt sie auch Rezitationsabende – traf die Künstlerin den ehemaligen Reichskanzler: »In der oberen Saline wurde ich im Sommer 1891 von Fürst Bismarck im ersten Stock empfangen und er unterhielt sich mit mir über eine Stunde.«[167] In einem Brief (vom 3. Juni 1900) schrieb Clara über diese Audienz ausführlicher: »Eines der bedeutendsten Ereignisse in meinem Leben war die Begegnung mit Fürst Bismarck in Kissingen. Der Fürst empfing mich in der durch ihn historisch gewordenen alten Saline und unterhielt sich beinahe eine Stunde mit mir im Beisein des Grafen Herbert Bismarck. / Als die hohe, mächtige Gestalt auf mich zuschritt, und das durchdringende Auge mich anblickte, war ich einen Moment sprachlos. Als dann der gewaltige Mann mir freundlich lächelnd die Hand bot und mich an seiner Seite Platz nehmen ließ, glaubte ich einen Augenblick zu träumen und ich hatte Mühe, mich zu sammeln, so mächtig war der Eindruck, den ich empfand.

Fürst Bismarck sagte, daß er mich nur einmal im Berliner Opernhaus als Antigone gesehen, ›Ich hatte fürs Theater wenig Zeit übrig. Aber Sie mußte ich doch sehen.‹ Ich dankte für das Opfer, das der Fürst mir gebracht. ›O, es war kein Opfer‹, gab er liebenswürdig zur Antwort.«[168] Clara Ziegler erzählte nun dem Fürsten, dass das geplante abendliche Festspiel zu seiner Huldigung leider ausfallen müsse, da für ihre Rolle der Germania in der Kürze der Vorbereitungszeit keine geeignete Perücke bzw. kein Kostüm aufzutreiben war, worüber Bismarck sich recht amüsiert zeigte. Clara Ziegler erzählte weiter: »Am Abend sah ich den Fürsten über die ihm dargebrachten, geradezu überwältigenden Huldigungen der Studenten Tränen vergießen. Ein Anblick, der mich tief erschütterte und unauslöschlich in mir fortleben wird, wie die Begegnung mit ihm, wo ich ihn herzlich lachen hörte. / Ein Bild des großen Mannes mit seiner Unterschrift prangt als kostbares Erinnerungszeichen an dieses unvergeßliche Erlebnis neben dem Bilde Kaiser Wilhelms I. in meinem Hause.«[169]

Über ihr Zusammentreffen mit dem Kaiser 1881 berichtete sie später: »Kaiser Wilhelm I. besuchte beinahe jeden meiner Gastspielabende im Berliner Schauspiel- und Opernhaus und erwies mir die Ehre, mich auf der Bühne zu begrüßen. Auf seinen Wunsch wurde ich auch nach Wiesbaden berufen, um ihm nochmals die Medea, die ihm in Berlin so sehr gefallen, vorzuspielen. Der Kaiser empfing mich in Audienz, und nachdem er mir über meine Darstellung Complimente gemacht hatte, wollte er sich überzeugen, wer von uns beiden größer sei, und er stellte sich dicht neben mich, um sich mit mir zu messen. Daß S. Majestät mich, wenn auch nicht viel überragte, erfreute ihn sichtlich und lachend rief er aus: ›Ich bin doch größer‹. Mit Verehrung blickte ich auf die Ehrfurcht einflößende Gestalt und erwiderte kleinlaut: ›Ach ja Majestät‹. Ich kam mir dem Mann gegenüber schrecklich klein vor! Mir die Hand reichend, entließ mich Kaiser Wilhelm I. mit den Worten: ›Auf Wiedersehen in Berlin‹. Worauf ich dann auf Wunsch S. Majestät Penthesilea v. Kleist im Schauspielhause kreierte. Das Stück war Kaiser Wilhelm I. zu grausam.«[170]

In Berlin besuchte Kronprinz Friedrich mehrmals Clara Zieglers Gastspielaufführungen und drückte seine Anerkennung aus. Auch Zar Alexander II. von Russland war in Berlin zugegen und fand besonders an der »Jungfrau von Orleans« Gefallen. Er zeigte sich spendabel und überreichte der Ziegler 1881 ein »Brillant-Armband«.[171]

Auch andere hochgestellte Persönlichkeiten beschenkten die große Tragödin, so verehrte ihr die Herzogin von Oldenburg ein kostbares Armband, das ebenfalls mit Brillanten besetzt war.[172]

Von den Separatvorstellungen für König Ludwig II. in München wurde schon berichtet, desgleichen von seinen herrlichen Präsenten. Einmal soll Clara Ziegler von ihm sogar einen Schreibtisch aus dem Boudoir der Pompadour zum Dank erhalten haben.[173] In ihrem Tagebuch notierte sie dazu unter dem 9. Mai 1875, als sie die Pompadour in München gespielt hatte: »Der König beschenkte mich reich, ich erhielt ein prunkvolles Medaillon, einen Schreibtisch und 2 Vasen.«[174] Ein Bild Ludwigs II. hing in der Villa der Tragödin.

Konkurrenz der Stile

Spätestens ab Mitte des 19. Jahrhunderts mischte sich die Darstellungsweise des idealistisch-klassischen Weimarer Stils mit dem neuen realistischen Spiel. Der Stil veränderte sich vom Deklamatorisch-Statuarischen hin zu ausdrucksstärkerer Modulation und Mimik sowie mehr Bewegung auf der Bühne. In dieser Epoche des Realismus sollte ein inneres Erleben über die kunstreiche Sprechweise hinaus veranschaulicht und dem Publikum vermittelt werden. Es entwickelten sich aber gleichzeitig zwei verschiedene Richtungen: der bürgerliche Realismus und der Monumental-Realismus, beide »erfüllt vom neuen Wirklichkeitsdrang und vom neuen Psychologismus. Im bürgerlichen Realismus dominieren die soziologischen Züge, im monumentalen die historischen.«[175] Zudem bevorzugte man in der Gründer- bzw. Kaiserzeit (ab 1871) mit der Betonung von nationalen Idealen ganz allgemein das Pompöse, das reich Ausgestattete und das Heldische.

Clara Ziegler als letzte Heroine der Gründerzeit rief nicht nur Bewunderung, sondern auch Kritik hervor, wenn es hieß: Sie »blendete durch außergewöhnlich kraftvolle Mittel des gewaltigen Organs und der machtvollen Gestalt, doch fehlte es ihrem Spiel an Innerlichkeit und an geistiger Beseelung.«[176] Manche vermissten auch eine gewisse weibliche Erotik: »Sie monumentalisierte und idealisierte ihre Rollen. In Kritiken wurde häufig ihr ›plastisches‹ Körperspiel hervorgehoben; die erotische Komponente blieb sie den Frauengestalten wie Judith, Penthesilea und Brunhild weitgehend schuldig.«[177]

Allerdings war Clara Zieglers Spiel nicht so einseitig, wie hier behauptet. Sie hatte vor allem in ihren jüngeren Jahren ein breiteres Repertoire in zahlreichen weiblichen Bühnenrollen einschließlich der »komischen Alten«, der humorvollen Darbietung als Donna Diana, Margarete in den »Erzählungen der Königin von Navarra« oder mit der saloneleganten Hosenrolle als Vicomte von Letorières von Karl Blum (nach Jean Bayard).

Zwei Größen des Theaters bzw. der Literatur kritisierten – entgegen der damals vorherrschenden Meinung – Clara Zieglers Darstellungs- und Sprechweise nachhaltig. Das waren Heinrich Laube (1806–1884), der vielen als Reformer des deutschen Theaters im 19. Jahrhundert gilt, und Theodor Fontane (1819–1898), Schriftsteller und Journalist. Nun ist es aber so, dass gerade diese zwei Kritiken – oft verkürzt – immer wieder nachgedruckt und zitiert wurden. Damit wurde fälschlicherweise der Eindruck erweckt, dass die allgemeine Einschätzung der Kritikerwelt mit ihnen konform ging.

Fontane veröffentlichte 1872 in der *Vossischen Zeitung* seine Anschauung über die Darstellungskunst, über Schönheit und Wahrheit im Schauspiel. Dazu nahm der Preuße die Münchnerin Clara Ziegler als

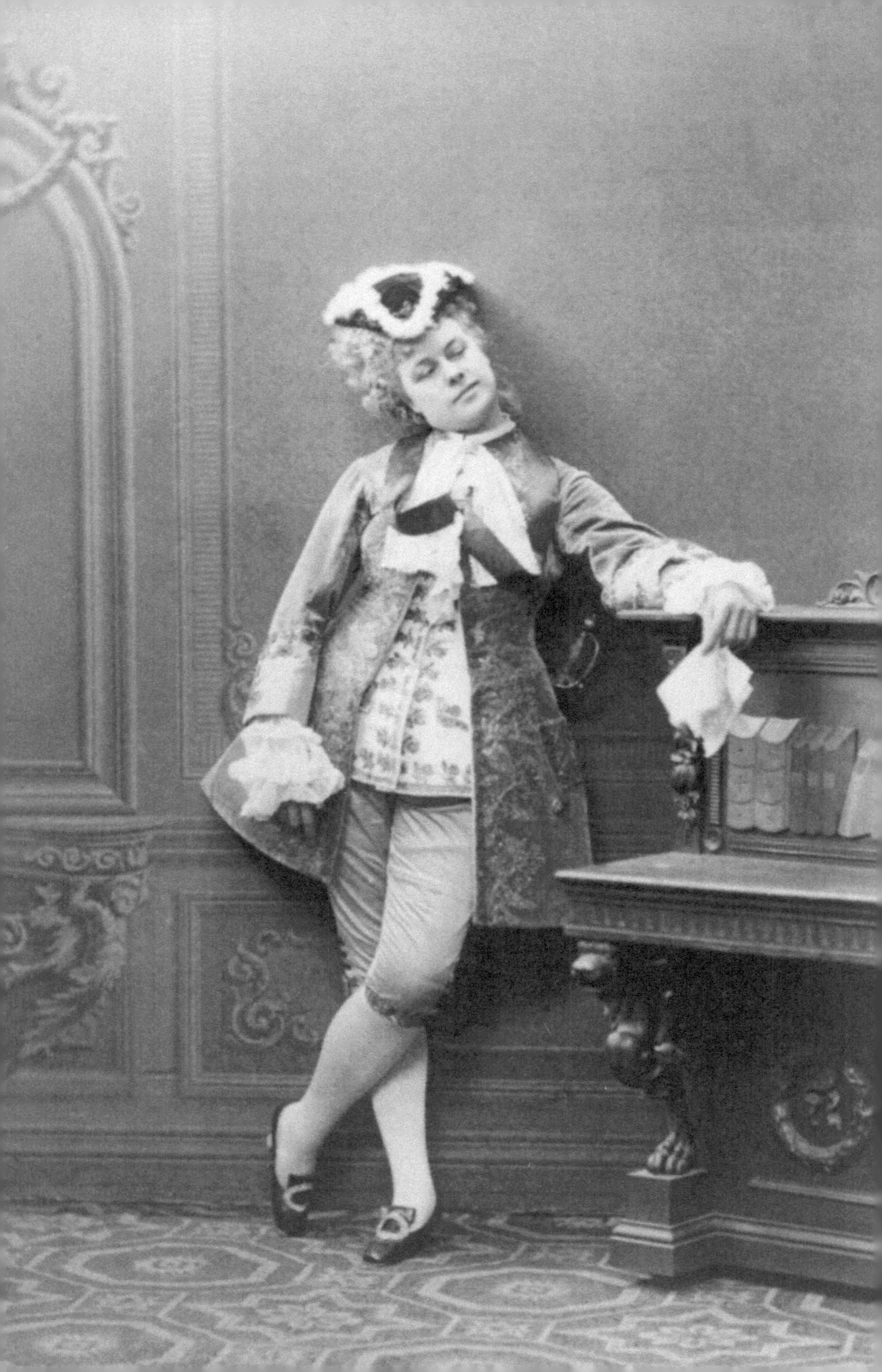

Beispiel. Er begann seine Abhandlung[179] süffisant: »Wenn vor dreißig Jahren und mehr mit einiger gedanklichen Kühnheit über Fanny Elser geschrieben wurde: sie tanzt Goethe, so darf man füglich von Fräulein Clara Ziegler aus München sagen: sie spielt Kaulbach. Ihr ganzes Auftreten wirkt wie *die Treppenhausbilder im Museum* [...] Die Aehnlichkeit ist frappant.« Fontane fuhr dann fort: »Liegt es an München? Ist dies die Stätte, wo nach einem erst noch zu findenden Entwicklungsgesetz eine blendende, aber in die Irre gehende Kunst geboren werden mußte, jene Kunst, die das Auseinanderfallen von Schönheit und Wahrheit bedeutet? Der Mensch soll nicht arabeskenhaft verbraucht werden, blos mit Rücksicht darauf, ob die Form an sich gefällig wirkt. Es kommt nicht darauf an, ob dieser vor- oder zurückgebeugte Körper, ob diese Kopf- oder Armhaltung rein äußerlich innerhalb der Schönheitslinie liegt, sondern darauf, ob diese Linie dem innerlichen Hergang entspricht, ob sie wahr ist. Diese Wahrheit hat weder Kaulbach noch Fräulein Ziegler. Ein gewisses corriger la nature zieht sich durch die Kunst des einen wie der andern, wobei schließlich alle Natur überhaupt zugrunde geht.« Fontane sah dabei nicht nur in dieser Darstellungsweise das Unechte, sondern auch in der Deklamation. Dennoch konnte sich der Autor der Schönheit des Zieglerschen Schauspiels nicht gänzlich entziehen: »Wie schön beispielsweise das halb abgewandte Lauschen Medeas auf die Botschaft des Herolds, wie schön der Moment, da sie ihr Haupt in ihren Mantel hüllt.« Trotzdem sei alles ein »chaotisches Durcheinander von Echtem und Unechtem, von Richtigem und Falschem, von Hinreißendem und Abstoßendem, von Rührendem und Verzerrtem, von Einfachem und Maßlosem.« Aber dennoch sei »ihr Spiel eine Kolossalleistung«, gestand Fontane und fuhr fort: »Hier lebt eine Kraft, die ich über alles Kunstgesetz hinaus, ja diesem zum Trotz in ihrer vollen subjektiven Berechtigung anerkennen muß.« Schließlich gebe es in der Kunst noch etwas

Erstmals spielte Clara Ziegler die Hosenrolle des Vicomte von Letorières am 10. Oktober 1864 am Stadttheater zu Ulm. Der Kritiker der »Grazer Zeitung« (26. Sept. 1878) fand Clara Zieglers Vicomte wegen ihrer Gestalt als gänzlich unmöglich; er meinte: »Frl. Ziegler bietet als junger Mann ein Bild, das alle Illusionen zerstört [...] *so würden ihm sicher nicht alle Herzen der Frauen zufliegen* [...] *wenn wir auch zugeben, daß Frl. Ziegler die Rolle mit vornehmer Einfachheit, meisterhaft in Wort und Ton, Blick und Gebärde gespielt und stürmischen Beifall gefunden hat.«*[178] ◀

»Rätselvolles, Unberechenbares« und von »diesem Freiwandelnden, Elementaren, kein Gesetz als sich selbst Kennenden hat Fräulein Ziegler ihr gerüttelt und geschüttelt Maß [...] es steht ihr vielleicht das Recht zu, für ihre Person das Gesetz zu überschreiten.« Clara Ziegler sei »eine Naturerscheinung, die kommt und geht.« Ihre »besten Rollen sind jene Gestalten, die hoch über Menschliches hinausragen. So hat sie als Medea einige ihrer größten Momente, und nur die Brunhild stelle ich als ein Ganzes noch höher [...] Partien dagegen, die im Spiel des Fräulein Ziegler einen sehr gemischten Eindruck machen, sind die Iphigenie und die Jungfrau von Orleans. In beiden stellt sie ihr Bestes neben ihr Verfehltestes.« Schließlich stimmten indes einige Szenen aus der Iphigenie Fontane doch noch »zugunsten der Darstellerin« um, denn sie habe »ein Etwas, was unter Umständen über all unsere Verstandesarbeit hinausgeht, sie hat Ahnungen im Gemüt. Hier vielleicht liegt ihre Größe, hier vielleicht das Geheimnis ihrer Macht.« Allerdings sah Fontane in den historischen Rollen der Jungfrau von Orleans oder der Königin Elisabeth in Laubes *Essex* die angeblichen Schwächen von Zieglers Kunst hervortreten. Er forderte daher mehr Realismus und fleißiges Studium der Rolle. Zum Schluss meinte Fontane noch, dass Clara Ziegler wie eine Nachtwandlerin daher schreite, getragen von einem »Wunder« bzw. vom »Mondstrahl«.

Der andere Groß-Kritiker der Ziegler war Heinrich Laube, Dramatiker und Theatermann. Er sah sie 1868 in Leipzig, wo er in Verhandlungen über die Leitung des Theaters stand. Obwohl die Gespräche noch zu keinem positiven Ergebnis gekommen waren, versuchte Laube, Clara Ziegler für seine eventuelle Direktionszeit zu engagieren. Diese lehnte ab, da sie andere bzw. sicherere Aussichten hatte. Hier die wichtigsten Passagen aus Laubes Kritik: »Die Rollen, welche ich damals von ihr spielen sah, zeigten mir, daß sie außerordentliche Mittel besäße zur Darstellung von Heroinen. Selbst in wichtigen Conversations-Rollen [...] interessierte sie mich, und ich war durchdrungen von der Überzeugung: da ist Alles vorhanden für eine erste Schauspielerin; eine aufmerksame Leitung braucht nur vor Abwegen zu schützen. Ihre starken äußeren Mittel

Clara Ziegler als Brunhild in »Die Nibelungen« von Friedrich Hebbel. Ihr hoher Wuchs und ihre volltönende Altstimme prädestinierten sie für das Rollenfach der Heroine. ▶

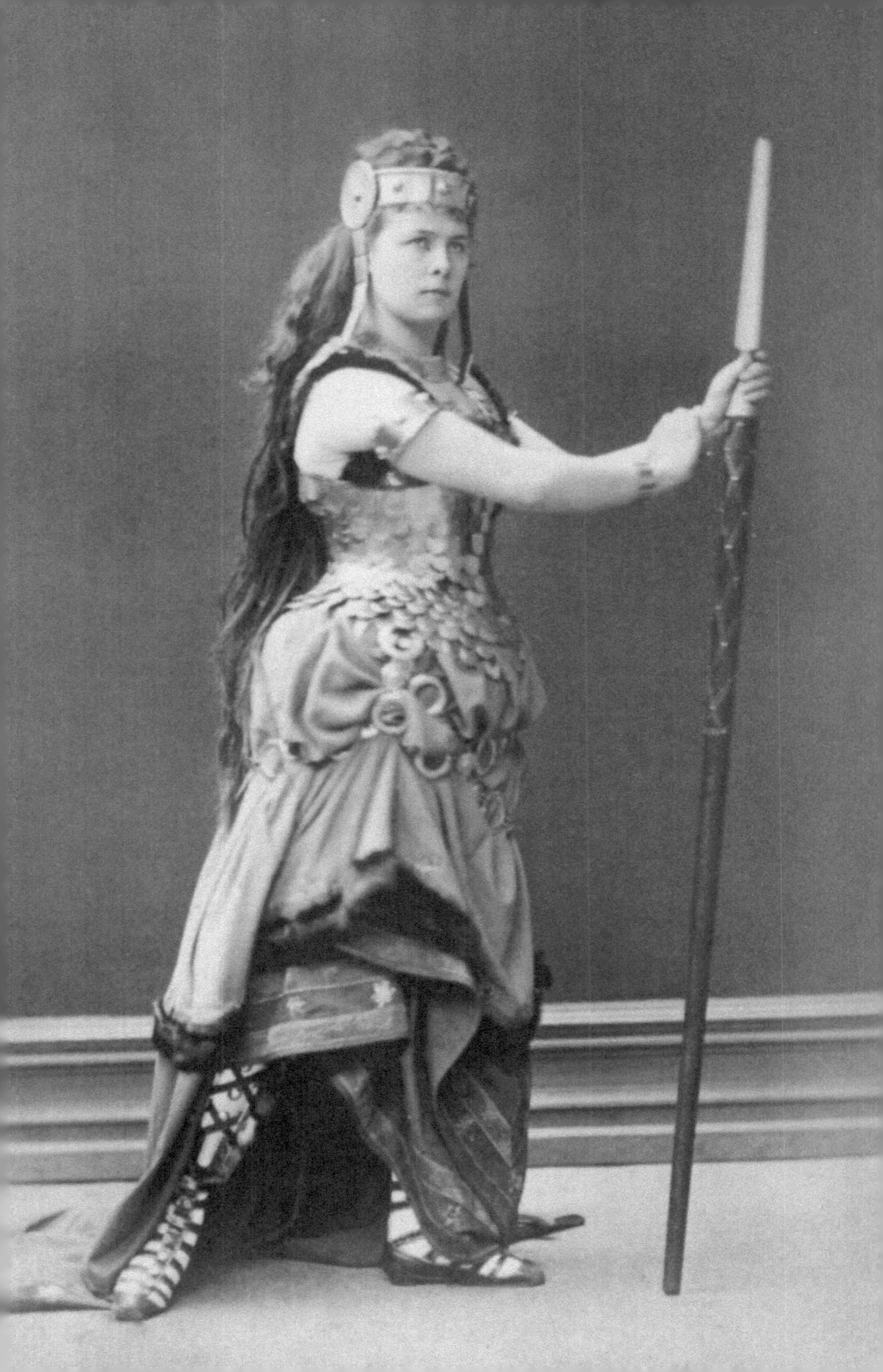

könnten freilich, weil sie wohlfeil Wirkungen erzielen – so fürchtete ich – leichtlich in diese Abwege verleiten [...] Durch ihre starken, an und für sich schon auf das Publicum wirkenden Mittel sei gerade sie einer solchen Gefahr ausgesetzt, der Gefahr – eine Bumbum-Schauspielerin zu werden.« Genau das machte dann Laube auch aus, als Clara Ziegler fünf Monate später zu einem Gastspiel ans Leipziger Theater kam, wo er inzwischen die Leitung innehatte. Nun urteilte Laube sehr negativ über ihre Spielweise: »Die imposante Erscheinung, das sprechende Auge, das sonore Organ wirkten einnehmend wie früher, aber jede Ausarbeitung der Rolle fehlte. Die Rede war ohne geistige Accente, der Charakter blieb Schablone, der Drang und Ausdruck des Gefühles [...] verblieb äußerlich und deshalb unmächtig. Nichts kam aus tieferem Quell, Alles schien nur oben im Bereiche der Stimmbildung zu entstehen.«[180] Diese »innere Leere«, vermeinte Laube, bei der Darstellung der Isabella (*Die Braut von Messina*), der Johanna (*Jungfrau von Orleans*), der Iphigenie wie in der Hosenrolle des Romeo festzustellen. Bei den Rollen der Medea und der Königin Elisabeth (im *Essex*) »wurden doch viele Scenen so gut gespielt, daß man ihnen innerlichen Nachdruck nicht absprechen konnte«, sah sich Laube dann doch gezwungen mitzuteilen und er fuhr fort: »Die großen Mittel waren denn auch hier trefflich am Platze. In dieser Richtung harter Leidenschaft scheint die stärkste Begabung dieser Schauspielerin zu ruhen.«[181] Laube schloss seine Kritik mit der Hoffnung, dass Clara Ziegler von diesem misslungenen Gastspiel in Leipzig doch die Erfahrung nach München mitgenommen habe, mit »größerer Sammlung an neue Aufgaben« zu gehen, dann sei »immer noch Vortreffliches von ihr zu erwarten, denn ihre Mittel sind außerordentlich. Sie bedürfen nur sorgfältiger Verwendung, um in dem specifischen Fache energischer Heroinen Vorzügliches zu leisten« und falls sie die »geistigen und wärmeren Theile eines Menschenwesens« lernt darzustellen, »dann kann Fräulein Ziegler eine unserer ersten Schauspielerinnen werden.«[182]

Elisabeth Christen, Stieftochter und Sachwalterin der gefeierten Tragödin, sammelte Kritiken in großen Alben und übergab diese um 1922 an das Theatermuseum in

Die machtbewusste »Lady Macbeth« (Shakespeare: »Macbeth«), deren Verbrechen sie letztendlich um den Verstand bringen, war eine der Paraderollen der Ziegler.▶

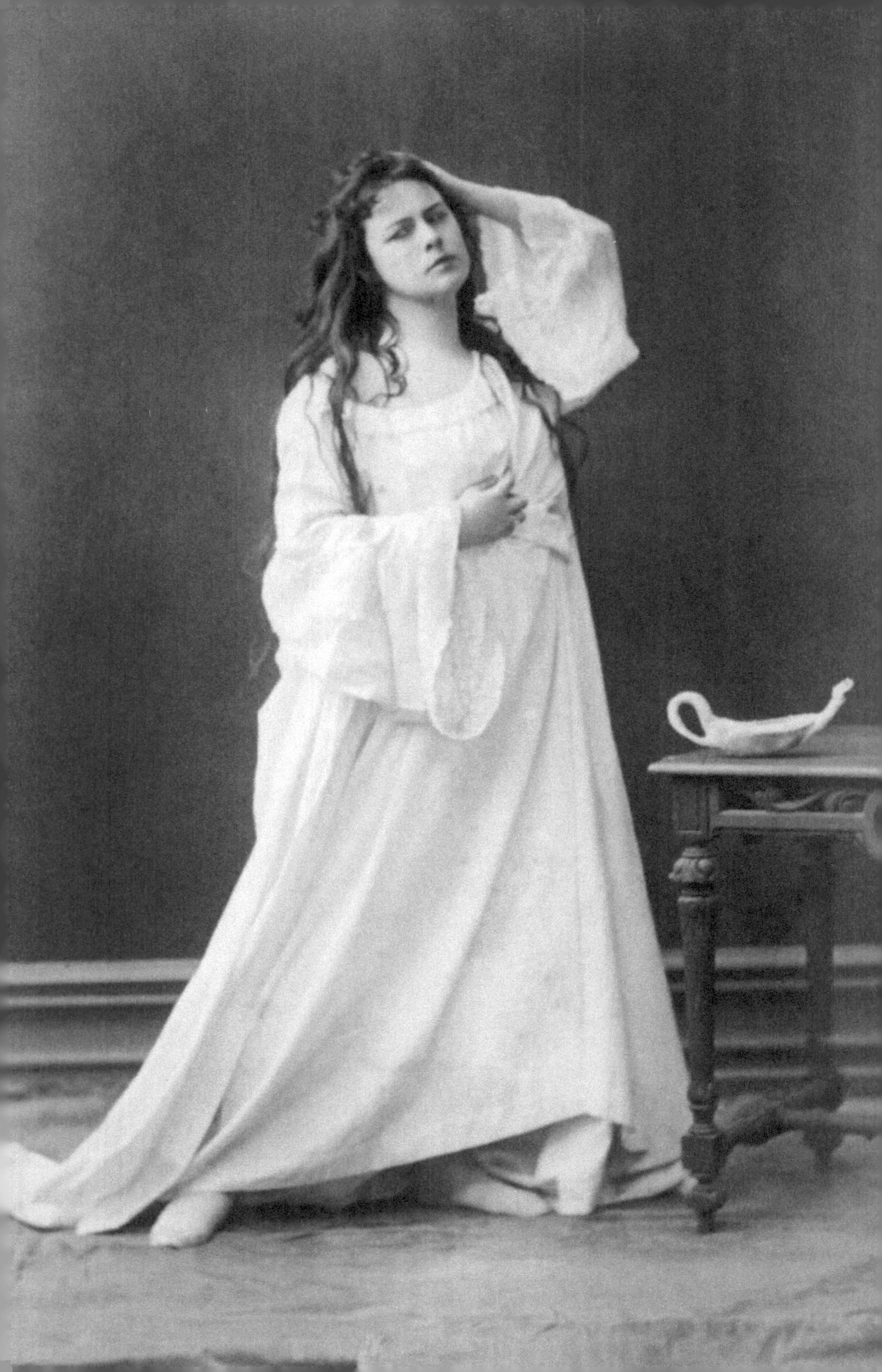

München. Als Vorwort schrieb sie dazu erklärend: »Zu diesen Kritiken möchte ich noch bemerken: Im März 1869 in diesem Band steht ein ausgezeichneter Artikel über Laube, der den ganzen Laube in seiner ganzen Frechheit charakterisiert. Laube hat schuld, daß immer abfällig von so vielen seiner Nachbeter über Cl. Z. [= Clara Ziegler] geurteilt wurde. Wie ein roter Faden zog sich durch ihr ganzes Künstlerleben das Urteil dieses Menschen. Clara Ziegler war einer [...] auch abfälligen Kritik (in anständigen Grenzen) stets zugänglich u. dankbar dafür. Aber die Laube'schen Gemeinheiten, die nur aus Ärger darüber entstanden, daß Cl. Z. u. mein Vater das Engagement bei Laube in Leipzig refüsirten, haben ihr viele Stunden vergällt. – Dr. Adolf Silberstein in Pest, hatte früher in Leipzig unter Laube sehr abfällig über Cl. Z. zu schreiben, u. als sie später in Pest, wo er sie in alle Himmel hob, (mit ihm) darüber sprach, gab er ihr zur Antwort: ›Was wollen Sie, damals konnte ich nicht anders; Laube regierte damals!‹ / Trotz aller Anfeindungen hat Cl. Z. unbeirrt ihren Weg verfolgt, u. hat 40 Jahre lang dieselben Erfolge erzielt, u. Laube hat nie länger als 1 Jahr eine Direktion gehabt. – Cl. Z. hat sich überhaupt erst einen Tragödienstyl geschaffen u. ihre Erfolge beweisen, daß sie Recht hatte.«[183]

Erklärt dazu muss werden, dass Laube Clara Ziegler ein Engagement schon sehr frühzeitig in Leipzig anbot, als ihm die Theaterdirektion in Aussicht gestellt wurde. Wegen der Unsicherheit der Lage lehnte Clara Ziegler aber ab, was Laube sehr verdross. Offenbar führten diese Misshelligkeiten zu einer lebenslangen Gereiztheit auf beiden Seiten.

Als Clara Ziegler im März 1869 ein Gastspiel mit mehreren Auftritten am Burgtheater in Wien hatte, war vorher Laube als Direktor dort gescheitert. Der Wiener Kritiker mit dem Namenskürzel Em. K. schilderte seinen Lesern in einem Artikel »Bemerkungen zu einem Gastspiel des Fräulein Clara Ziegler« zunächst, wie Laube als Dramaturg und Theaterdirektor am Wiener Burgtheater behauptet habe, dass mit ihm die »Ära der tragischen Kunst« angebrochen sei. Er verdammte alles, was vorher war und prophezeite bei seinem Weggang dem Burgtheater den Untergang. Aber, fuhr der Kritiker fort: » Plötzlich meldet sich an diesem von Laube verlassenen Burgtheater ein Gast aus München, Clara Ziegler mit Namen!« Die in Wien unbekannte Schauspielerin wurde von niemandem empfohlen, wie das vorher zumeist der Fall war.

Der Wiener Journalist teilte weiterhin mit: Clara Ziegler »gefällt am ersten Abende ihres Gastpiels; nein sie gefällt nicht nur, sie erobert sich im Fluge enthusiastische Anerkennung, sie reißt die Hörer mit sich fort, sie berauscht und entzückt. Jede der folgenden Rollen bildet eine Stufe, welche zum ruhmreichen Siege empor leitet, die Künstlerin wird der Gegenstand maßloser Begeisterung und ungemessenen Jubels.« Nun fragte der Autor weiter: »Wie ist ein solcher Erfolg in Wien möglich?« Und er antwortete gleich darauf: »Wir werden nicht die besten Gerichte genossen haben«, wie das Laube immer behauptete. Denn Clara Zieglers Erfolg sei dafür Beweis genug; das Publikum habe »seit zwei Jahrzehnten die große Tragödin nicht gesehen [...], die Heinrich Laube beinahe in jedem Weibe erblickte.« Clara Zieglers Erfolg beweise, »daß das Publicum den Unterschied zwischen einer Schauspielerin, welche vorwiegend dem naturalistischen Zuge gehorcht, und einer Künstlerin, welche natur- und stylvoll zugleich ist, empfindet und erkennt [...] Clara Ziegler liebt ihre Muttersprache, sie kennt den Werth und die Macht des rhythmisch gebundenen und gehobenen Worts [...] Das Publicum hat sondern gelernt zwischen dem Schrei der Wirklichkeit, welcher durch Laube's Tragödien-Ideal gellend fährt, und zwischen den Lauten des Jammers, welche lang ausgehalten tönen und vibriren durch die tragische Kunst.« Zum Schluss verglich der Kritiker noch Clara Ziegler mit der herausragenden Künstlerin des 18. Jahrhunderts Sophie Schröder (1781–1868) und meinte: »[Jetzt] ist auch das Gesetzbuch Heinrich Laube's, sein Realismus und sein ›modernes Princip‹ gründlich verspottet und verlacht worden. / In diesem Sinne aufgefaßt hat das Gastspiel des Fräulein Clara Ziegler auch eine allgemeine Bedeutung.«[184]

In diesen Stimmen und konträren Auffassungen über Sprech- und Spielweise in der Tragödie offenbarte sich der Kampf zwischen noch klassizistischen Anhängern sowie den beiden konkurrierenden Strömungen des Realismus: des bürgerlich-soziologisch-psychologischen und des monumental-historischen Stils.[185]

1877 druckte das *Braunschweiger Tagblatt* Laubes Auslassungen über Clara Zieglers Darstellungskunst nochmals ab, die Heinrich Laube 1870 in seinem Buch *Das norddeutsche Theater* veröffentlicht hatte. So stritten Kritiker und Theaterleute darüber, wie Clara Zieglers Kunst einzuschätzen sei, wohingegen das Publikum sich darin einig war, in ihr die größte Tragödin der Zeit zu sehen.

Die *Frankfurter Theater-Zeitung* schaltete sich in diesen Streit anlässlich eines Gastspiels im Stadttheater im April 1877 ein und hob Clara Zieglers Stellung zur »modernen Schauspielkunst« hervor: »Ob Clara Ziegler der Classizität oder dem Romantismus in der Kunst huldigt, ob sie mehr Realistin oder mehr Idealistin ist, mit diesen Fragen darf man es bei Clara Ziegler nicht so genau nehmen. Die Heroinen der classischen Schule, Sophie Schröder, Auguste Creglinger, Julie Rettich und Fanny Janauscheck, gehören einer anderen Kunstepoche an.« Der Autor meinte weiter, dass sich Clara Ziegler als Iphigenie »in die Reihe dieser classischen Heroinen« stellen dürfe, in anderen Rollen zeige sie sich jedoch als »Realistin« durch »Plastik, Mimik und Malerei des Organs«. Daher beschloss er seinen Artikel mit den Worten: »Clara Ziegler steht am Anfang einer schöpferisch neuen Kunst-Periode«. Denn bei ihr bilde die »Classizität« den Boden »für den genialen Aufschwung dieser [...] Epoche machenden großen Künstlerin.«[186]

Clara Ziegler repräsentierte »in ihren Vorzügen wie ihren Fehlern einen ganzen Typ und eine Schule deutscher Schauspielkunst.«[187] Diese »Schule« bzw. Art der Darstellung brachte sie zu einer bis dahin nie erreichten Höhe. Dazu schrieb das *Tagblatt* zu einem ihrer Gastspiele in St. Gallen 1879: »Wer wollte auch in Worten wiederholen, welche Gewalt die Künstlerin von Gottes Gnaden durch Fülle und Wohlklang des Organs, übermenschliche Erscheinung in Wuchs und Ebenmaß und meisterhaftem Mienenspiel auszuüben vermag!«[188] Kindermann urteilte in seiner *Theatergeschichte Europas* über die Schauspielkunst der Ziegler: Sie zeigte »ihre schönheitstrunkene und dabei doch recht modern geartete Kunst als Judith, als Brunhild, vor allem aber als Medea, als Orsina, Gräfin Terzky, Iphigenie und Isabella [... und spielte auch] eine ganz hervorragende, weil die psychologische Seite der Rolle vollendet beherrschende Penthesilea [sogar in einer eigenen Bühnenbearbeitung ... sowie] als erste die Rolle der Elisabeth von England in historischer Maske.«[189] Der Autor zählte die »Münchner Heroine« zum engen Kreis der großen Schauspielerinnen, »von denen im Wesentlichen das deutschsprachige Sprechtheater im Zeitalter des Realismus getragen wurde.«[190]

Als das naturalistische Theater und seine völlig andere Spiel- und Sprechweise gegen Ende des 19. Jahrhunderts aufkam, folgte die große Tragödin diesen modernen Anforderungen nicht mehr. In einem Brief ohne Datum, der aus dem Nachlass von Alfred Holzbock an das Theatermuseum in München kam, äußerte sich Clara Ziegler selbst dazu: »Sie gaben sich nun, verehrter Herr Doktor, vielleicht der Vermuthung hin, daß der von Ihnen gewünschte Vergleich zwischen dem Darstellungsstil von einst und jetzt unter dem Eindruck der jüngsten für mich so erfreulichen und ehrenvollen künstlerischen Ereignisse zu Ungunsten des Letzteren ausfallen würde. / Geehrter Herr Doktor, ich stelle mich in dem Punkt nicht auf den Unfehlbarkeits-Standpunkt. Kein wahrer, objektiv denkender Künstler wird mit scheelen Blicken einer neuen Kunstrichtung entgegensehen. / ›In wechselnden Formen verjüngt sich die Kunst!‹, sagt Paul Heyse. Das ist Weltgesetz. Bedeutende Umwälzungen auf socialem Gebiete haben stets einen großen Einfluß auf die Schauspielkunst und auf die Bühnendichtung ausgeübt und eine Veränderung des Stils hervorgerufen [...] / Was nun meine persönliche Ansicht über die moderne Richtung und Darstellungsweise anbetrifft, so kann ich nur betonen, daß ich vor einem guten Ibsen-, Sudermann- und Hauptmann-Darsteller einen ebenso großen Respekt habe, wie vor den genannten Dichtern. Wie ich überhaupt, freudigen Herzens, das Gute anerkenne, in welcher Form es mir auch entgegentrete. / Andererseits verhehle ich jedoch nicht, daß ich in dem Bestreben, den Unterschied zwischen der classischen und modernen, realistischen Dichtung, in der Darstellung möglichst zu verwischen, eine Gefahr für die Schauspielkunst und für die Bühnendichtung höheren Stils erblicke [...] / Das feine Lustspiel, das als liebliche Blume zwischen dem Idealismus und Realismus, der meiner Zeit durchaus nicht fremd war, auf der Bühne blühte, ist dieser Bestrebung, nicht zum Vorteil der Kunst, bereits zum Opfer gefallen, und die hieraus entstandene Kluft zu überbrücken wird so leicht nicht gelingen. Daß diese Kluft entstehen konnte, darunter wird am meisten die kommende Generation der Zuschauer zu leiden haben, denn schon jetzt macht sich nachgewiesenermaßen der Mangel eines frischen, gesunden Nachwuchses bemerkbar. Von dem unheilvollen Einflusse des Überhandnehmens der Dialektkomödie auf der

Bühne, das bereits eine, ebenfalls allgemein anerkannte bedauerliche Vernachlässigung der deutschen Sprache zur Folge hatte, gar nicht zu reden [...] / Mein Lehrer, Adolf Christen, selbst ein ausgezeichneter Künstler, stellte meinem künstlerischen Empfinden keinen Hemmschuh entgegen. Mit eiserner Strenge auf die Ausbildung der Rhetorik und des Organes bedacht, ließ er mich meine Rollen gestalten, wie sie meiner Phantasie vorschwebten, und so entwickelte sich eine künstlerische Individualität, ohne Beeinflussung durch Vorbilder. Ich habe nie nachgeahmt, aber stets zu lernen mich bemüht. Mein Stolz bestand stets darin ganz ›Ich‹ zu sein und es stets zu bleiben, und hieraus, sowie aus dem Umstand, daß ich die Notwendigkeit der Vervollkommnung erkennend, mein Ohr der urteilsfähigen Kritik nicht verschloß, und mich nach Kräften, bis heute weiter zu bilden, bestrebt war, glaube ich meine langjährigen Erfolge ableiten zu dürfen.«[191]

Clara Ziegler hatte mit der Zeit eine eigene künstlerische Form und Individualität entwickelt, in denen sich Elemente des klassisch-idealistischen Stils mit den emotional-realistischen bzw. pathetisch-monumentalen Darstellungsweisen verbanden. Aus diesem Grunde konnte auch Michael Georg Conrad, der den Münchner Naturalistenkreis anführte,[192] über eine Medea-Aufführung Clara Zieglers in München 1885 berichten: »Ihre Medea war eine Meisterleistung von Anfang bis zu Ende. Das war nicht mehr vorgestellt, das war vorgelebt. Und gerade da war die Künstlerin am erschütterndsten, wo die verhaltene Leidenschaft nur in einem leisen Wimmern, in einer stummen Geste das furchtbar Gewaltige ahnen ließ, das endlich mit zermalmender Wucht den tragisch-geweihten Menschenkreis zu Boden schlug. Den unsäglichen Seelenjammer hat uns Medea-Ziegler mit einer naturalistischen Feinheit interpretiert, wie wir es noch selten gesehen haben. Hier wuchs sie über sich selbst hinaus.«[193] Conrad bezeichnete sie als »geniale Charakterspielerin«, die mit ihrer großen Virtuosität selbst die Schwächen eines Dramas vergessen lasse.[194] Der Autor kommt dann zu folgender Einschätzung: »Ich kann mich nach alledem nicht entschließen, der landläufigen Meinung beizupflichten, Klara Ziegler sei nur als heldenhafte Tragödin auf der Bühne an ihrem Platze, während sie in allen übrigen Gattungen dramatischer Darstellung nicht gut verwendbar sei. Ich finde vielmehr, daß dieses genial veranlagte, hochgebildete, im weisen Maßhalten und Sichunterordnen unter einen höheren Gesamtzweck so musterhaft geschulte Weib nicht weniger berufen ist, im modernen Sittendrama, in der Charakterkomödie, im fein gestimmten Konversationsstück ebenso vollkommen Gutes zu wirken, als in der Tragödie alten Stils. / Vollkommen Gutes! / Daß sie dieses mit den wenigen ganz Großen der heutigen Schauspielkunst unanfechtbar leistet, ist so wahr, wie dies, daß sie in den, während ihres diesmaligen Gastspiels an der Münchener Hofbühne gespielten Stücken als darstellende Nachschöpferin größer und wahrer erschien, als die dichterischen Schöpfer in den respektiven Werken selbst.«[195]

Clara Zieglers Schauspielkunst basierte hauptsächlich auf dem Wort, auf der Sprache. Dennoch war sie keine reine »Deklamationsschauspielerin«, wie manchmal behauptet wird.[196] Denn beim deklamatorischen Spiel wurde das Sprechen »von einem geradezu musikalischen Grundzug beherrscht«; man modulierte in »kunstvollen Hebungen und Senkungen wie ein Meer von breiten Wellen«. Dabei entstand eine »unendliche Melodie«[197]. In der Sprech- und Darstellungsweise, die eben bei Clara Ziegler über das Ideal der Weimarer Theaterepoche hinausging und realistische Elemente in sich trug, hatte sie einen ganz eigenen Tragödinnen-Stil entwickelt. »Sie verstand es, sich in ihre Rollen einzuleben, sie packend und plastisch wiederzugeben, ganz neue Auffassungen zur Darstellung zu bringen, überall, im Scherz und Ernst!«, überlieferte uns ein Zeitgenosse 1887.[198]

Dass Zieglers große Karriere nur im Deutschland der Gründerzeit möglich war, wie Claudia Balk in *Theatergöttinnen* resümierte,[199] bleibt dahingestellt, zumal sie auch im Ausland Erfolg hatte. Nachdem die Franzosen besiegt waren und nach der Gründung des deutschen Kaiserreichs 1871 im Spiegelsaal von Versailles, wandten sich Bürgertum und Kunst einem Historismus zu: Historisierende Architektur, Historiengemälde, historische Dramen und Romane, legitimierende Geschichte als Hauptinhalt der damaligen Bildung hatten Hochkonjunktur; sie sollten Halt und Orientierung in einer Zeit des sozialen und ökonomischen Wandels geben. »Wen wundert es, wenn das publikumswirksame Theater in Deutschland besonders rückschrittlich war, wenn sich höchst pa-

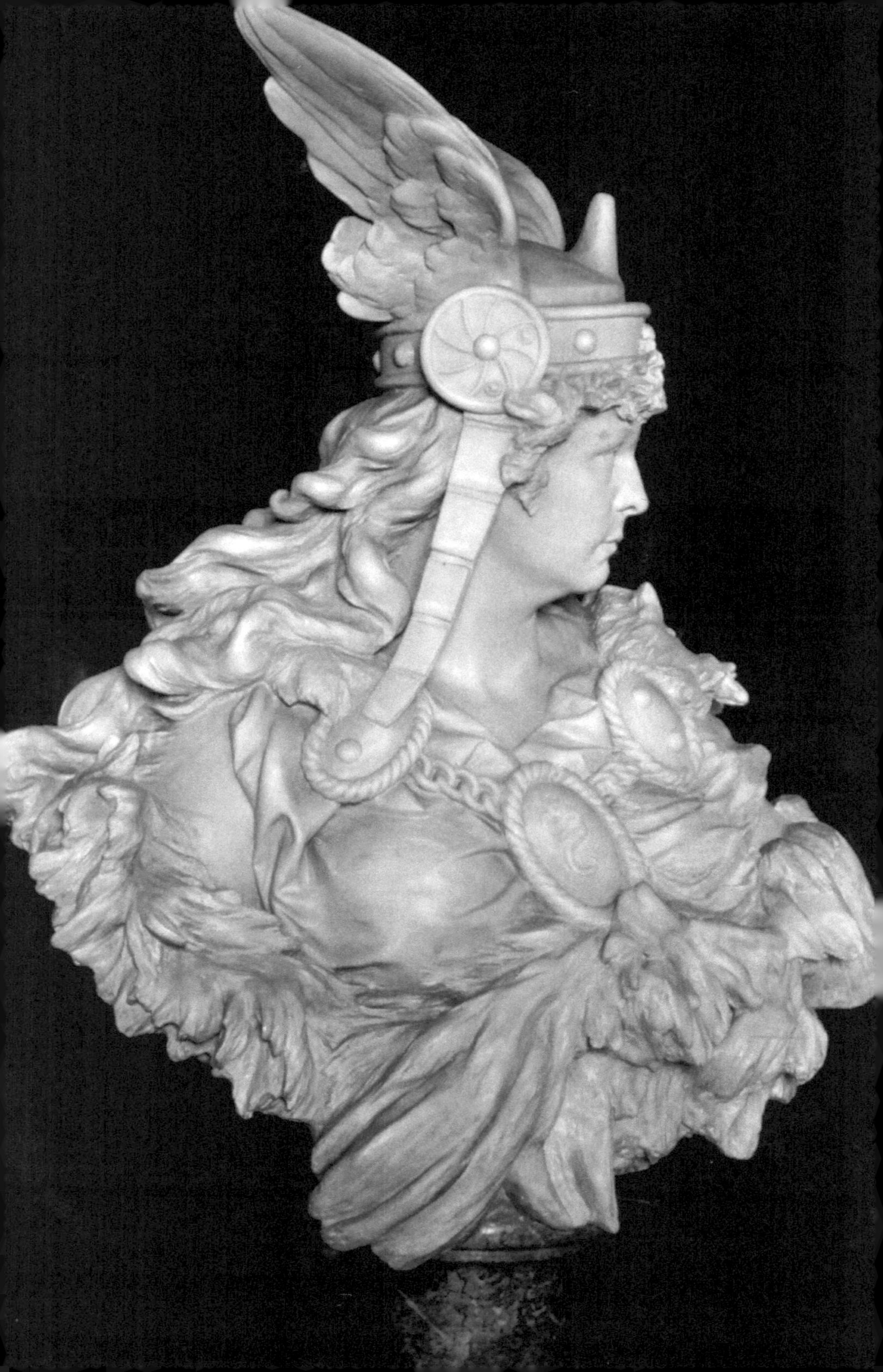

thetisch vorgetragene Historiendramen größter Beliebtheit erfreuten?«, meinte Balk und fuhr fort: »Dies war der Boden, auf dem Clara Zieglers Ruhm erblühte!«[200] So ganz kann dieser Argumentation nicht gefolgt werden, denn wie versucht wurde darzulegen, bestand die Kunst und die Größe der Tragödin Clara Ziegler eben darin, dass sie über diese Erwartungshaltungen in ihrer Gestaltungskraft reiferer Jahre hinausging. Sie deklamierte und posierte nicht nur, sondern wusste durch eine innigere Gestaltung auch eine tiefere Wirkung beim Publikum hervorzurufen.

Selbstverständlich bewegen sich Künstler, auch Schauspielerinnen, immer innerhalb des historischen Kontextes, genauso ist die Vorliebe des Publikums zeitbedingt. Neuerungen, moderne Strömungen fließen erst allmählich ein und werden von den Agierenden oftmals nur vorsichtig aufgegriffen. Aber genau hierin offenbarte sich die Kraft der großen Tragödin – im Entwickeln eines eigenen Stils gewonnen aus mehreren Ausdrucksweisen.

Verlangte der Geschmack der Zeit die Darstellung des Heroischen, des Männlichen, ja des Kriegstüchtigen, so verkörperte Clara Ziegler – gemäß ihren körperlichen Voraussetzungen – das weibliche Pendant: die Amazone!

Ein Wiener Kritiker äußerte sich 1869 recht ausführlich über Klara Zieglers Aussehen: »Das Gesicht der jungen Künstlerin ist nicht unschön; wenn es lächelt und die tadellosen Zähne weist, ist es sogar einnehmend und kann rühren; aber den gewöhnlichen Bedingungen der Schönheit entspricht es nicht. Es ist etwas zu lang und platt, läuft in ein spitzes Kinn aus und beginnt mit einer niederen, wenn auch hochgewölbten Stirne. Ihr Mund ist etwas zu klein, die Lippen sind dünn und schmal und zeigen nur bei dem schon erwähnten Lächeln eine ausreichende Elastizität. Das Haar, lang und rabenschwarz, entbehrt der Fülle; das Auge, schwarz und voll Feuer in der Leidenschaft, ist spröde im Ausdruck des Milden. Im alten deutschen Liede sind so die imponierenden im Gegensatz zu den rührenden Schönheiten gedacht und hingestellt. – Sie ist eine Brunhild, aber keine Kriemhild.«[201] (Clara Ziegler als Brunhild, Büste von Prof. Schwabe 1888)◀

Bühnenjubiläen und Ehrungen

Clara Ziegler wurde zu Lebzeiten vielfältig ausgezeichnet. Sie besaß die Ehrenmitgliedschaft des Großherzoglichen Hoftheaters Darmstadt sowie die des Königlichen Hof- und Nationaltheaters München (1885). Zahlreiche Medaillen und andere Zeichen der Verehrung[202] wurden ihr im Laufe ihrer Karriere überreicht: beispielsweise die große goldene Medaille für Kunst und Wissenschaft von Weimar 1861, von Hessen 1876, von Meiningen, Oldenburg und Coburg 1880.[203]

Ihre Bühnenjubiläen wurden jeweils feierlich begangen. Zum 40jährigen Jubeltag am 21. Februar 1902 schrieb ihr der Intendant des Königlich-Bayerischen Hoftheaters und des Prinzregenten-Theaters huldigend: »Hochverehrte Künstlerin! / Unter den ruhmreichen Ehrenmitgliedern der königlichen Hofbühne prangt Ihr Name: Clara Ziegler. / Die königliche Hoftheater-Intendanz gedenkt stets mit stolzer Genugthuung der schönen Tage, wo Sie ›die Unsere‹ waren, wo Sie uns durch eine stattliche Reihe vollendeter Leistungen entzückten, und kann unmöglich einen so bedeutungsvollen Tag, wie den heutigen, vorübergehen lassen, ohne zu den vielen, von Ihnen errungenen Lorbeeren einen neuen Zweig hinzuzufügen. / Möchten Sie dieses Tages Wiederkehr noch viele Jahre in ungetrübter Gesundheit und im Vollbesitze Ihrer künstlerischen Kraft begrüßen können. / Dies ist der innige Wunsch Ihres Ihnen allzeit in aufrichtiger Verehrung ergebenen / Ernst v. Possart.«[204]

Glückwünsche, Blumengebinde, Lorbeerkränze und Geschenke[205] erreichten Clara Ziegler nicht nur zu den Jubiläen, sondern auch zu ihrem 60. Geburtstag 1904 von Kolleg(inn)en und Intendanzen, von Vereinigungen und Genossenschaften, in denen sie Mitglied war, von Verehrer(inne)n ihrer Kunst, von Schriftstellern und vielen anderen, welche die »große Tragödin«, die »große Ziegler«, die »theure Meisterin, hohe Priesterin der tragischen Muse«, die »große Künstlerin und große edle Seele«, die »gefeierte deutsche Tragödin«, die »würdigste Priesterin Thalias«, die »größte deutsche Tragödin«, die »heute noch unerreichte Meisterin echtester deutscher Schauspielkunst und liebenswürdige Gönnerin«, die »unvergeßliche, für alle Zeiten unerreichbare Medea« dankbar und verehrend grüßten und hochleben ließen.[206]

Ein besonderes Geschenk erhielt Clara Ziegler allerdings bereits 1902 von einer gefeierten Ballerina: »Nach der Aufführung der ›Braut von Messina‹, die zu meinem 40jährigen Jubiläum stattgefunden hatte, kam Lucile Grahn, nachdem wir uns längere Zeit nicht gesehen hatten, zu mir. / Als sie in das Zimmer trat, breitete sie die Arme aus, und sagte: ›Ich muß Sie umarmen!‹ (Sie beherrschte die deutsche Sprache nicht völlig.) ›Und nu komme Sie, setze Sie sich nebe mich. Ich muß Sie was schenke.‹ Sie gab mir ein Etui von violettem Samt in die Hand. ›So, das nehmen Sie von mir. Es is eine Andenken, das mir sehr sehr lieb im Leben gewesen is. Und das soll Niemand habe, als Sie‹. Ich öffnete das Etui und erblickte einen goldenen Kamm, in Form eines kleinen Diadems, aus zierlichen Lorbeerblättern, in Gold, geformt. / Ihrem Wunsche folgend, mußte ich den Kamm sogleich probieren: ›Ich will seh‹, wie er kleidet′, sagte sie. / Die Probe befriedigte sie, und mit den Worten: ›Jetzt bin ich ganz glücklich, daß ich das Ding in Ihrer Hand weiß‹, verließ sie mich. / Das war die letzte Begegnung in meinem Hause.«[207]

Anlässlich von Clara Zieglers 60. Geburtstag wurde in München ein Festakt veranstaltet. Darüber berichtete die *Münchner Allgemeine Zeitung*: »Um 1 Uhr fahren in großer Uniform die Prinzen Ludwig Ferdinand und Alfons von Bayern zu persönlichen Glückwünschen vor. / Der offizielle Festakt findet mit dem Erscheinen der Deputationen der Deutschen Bühnengenossenschaft, an der Spitze Oberregisseur Savits, um 1 ½ Uhr statt. Sie bereiten Klara Ziegler eine Ehrung, wie sie seit Devrient keinem Künstler mehr geworden. Eine große goldene Klara-Ziegler-Medaille von prächtiger künstlerischer Prägung wird ihr mit einer formschönen, tiefempfundenen Ansprache des Oberregisseurs Savits feierlich überreicht.«[208]

Lobpreisend dichtete der Lyriker und Dramatiker Hermann von Lingg (1820–1905)[209] Clara Ziegler zu Ehren:

»Dir ward
Die Kraft der Sprache, Dir die Würde der Haltung,
Dir jeder Vorzug, die Macht der Leidenschaften
Entfesselt und gebändigt uns zu zeigen.«[210]

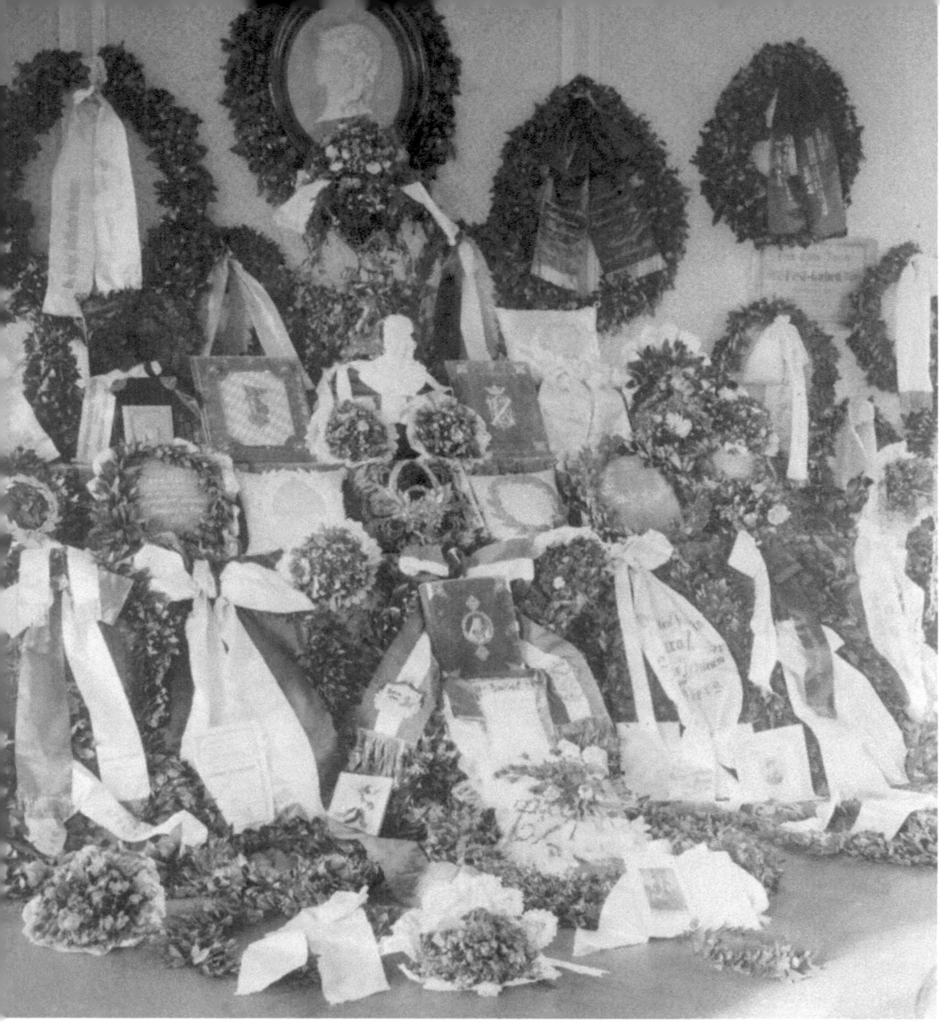

Ehrenkränze, Blumengebinde und andere Geschenke zu Clara Zieglers 25jährigem Bühnenjubiläum. Die große Tragödin wurde zu Lebzeiten vielfach ausgezeichnet und geehrt (siehe Liste der Ehrengaben im Anhang!).

Und Julius Suttenheim schrieb ihr huldigend nur einen Satz, der in biblischer Anmutung alles umfasste und überhöhte: »Am Anfang schuf Gott die Ziegler und die Erde.«[211]

KAPITEL 6

»reich an Mühe und Lohn«

Der Abschied

Ende der Bühnenlaufbahn – Schriftstellerin und Lehrerin – Ableben

Ende der Bühnenlaufbahn

Am 13. April 1902 trat Clara Ziegler ein letztes Mal auf der Bühne des Hof- und Nationaltheaters zu München als Iphigenie auf. Ihre allerletzte Vorstellung aber gab sie am 27. April 1903 in der Rolle der Klytämnestra in Prag.

An ihrem 60. Geburtstag 1904 nahm sie dann offiziell Abschied von der Theaterbühne. Ihr Abtreten rief nochmals zahlreiches Lob und manche Ehrung hervor. Beispielsweise erhielt sie die von 75 berufsgenossenschaftlichen Ortsverbänden gestiftete goldene Gedenkmünze, deren Vorderseite ihr Profilbildnis sowie ihren Namen zeigte und rückseitig zu lesen war: »Thaliens begnadeter Priesterin bei ihrem Scheiden / von der Bühne gewidmet von ihren Kunstgenossen / 27. April 1904.« Das begleitende Schreiben hatten circa 50 Kolleginnen und Kollegen unterzeichnet.

Die Jubilarin bedankte sich dafür in einer kurzen Rede, die ein Zeitgenosse mit diesen Worten zusammenfasste: »Der Entschluß, der Kunst zu entsagen, sei ihr nicht leicht geworden. In dem Augenblick, da der Künstler von der Bühne scheidet, sinkt die Sonne seines Lebens, wenn er sich begnügen muß, aus jenen geweihten Sphären herauszutreten in die Alltäglichkeit. Sie habe sich vor jener Zeit gefürchtet, ›vor der Nacht, die uns lauernd umschleicht und die Seele ergreift, noch ehe‹ wir die Hülle bestatten. Heute fürchte sie sich nicht mehr. Es sei ihr vergönnt gewesen, ihre Kunst auszuüben in einem großen Jahrhundert, und daß sie nicht spurlos vorübergegangen in dieser Zeit, sei eine Genugtuung für den Künstler, der nur auf die Mitwelt angewiesen sei. Was ihr Herz aber noch mehr bewege, sei das stolze Gefühl, daß es ihr gelungen sei, die allgemeine Achtung und Liebe ihrer Kunstgenossen sich zu erringen. Sie nehme das Ehrenzeichen entgegen als ein kostbares Pfand dieser Liebe. Sie nehme die Auszeichnung entgegen als die Krone aller ihr dargebrachten Huldigungen mit dem Wunsche, daß die Liebe zur Kunst stets begeisterte Dienerinnen finde und die Genossenschaft Deutscher Bühnenangehöriger noch oft Gelegenheit habe, solche Auszeichnungen zu verleihen.«[212]

Clara Zieglers Dankesbrief vom 29. April 1904 bezeugt, wie sehr sich die gefeierte Tragödin gerade über diese Anerkennung ihres künstlerischen Schaffens durch die Bühnengenossenschaft freute: »Hochgeehrter Herr Präsident! / Die Ehrung, die mir durch die Genossenschaft deutscher Bühnen-Angehöriger, anläßlich meines Rücktrittes von der Bühne geworden, ist eine so außerordentliche, daß ich mich fast beschämt fühle, durch eine so reiche Anerkennung meiner Bestrebungen, in unserer Kunst. / Daß ich diese Huldigung Ihrer Initiative, hochgeehrter Herr Präsident, verdanke, erfüllt mich mit doppelter Freude. / Ich bitte den Ausdruck tiefgefühlten Dankes entgegenzunehmen, und die Versicherung genehmigen zu wollen, daß, durch treue Anhänglichkeit an die Genossenschaft deutscher Bühnenangehöriger stets ihre Dankbarkeit bekunden wird / Ihre / hochbeglückte dankerfüllte / ergebene / Clara Ziegler.«[213]

Hochgeehrt nahm die sechzigjährige Tragödin nun Abschied von den Brettern, die bisher auch ihre Welt bedeutet hatten.

Schriftstellerin und Lehrerin

Bereits in den vergangenen Jahren hatte Clara Ziegler ihre Kreativität auf ein anderes Metier verlagert: Sie wurde Schriftstellerin. Am 18. August 1896 bestätigte »Felix Bloch Erben, Verlag dramatischer Werke und Theater-Agentur, Redaktion des ›Charivari‹, Berlin« den Empfang des von Clara Ziegler unterzeichneten Vertrages zu ihrem Einakter *Furcht vor der Schwiegermutter*. Es wurde ihr dabei mitgeteilt, »daß Reclam das Stück zum Druck kostenfrei übernommen [habe]«.[214]

Nur wenige Monate später erhielt sie am 4. Dezember 1896 vom selben Absender, d. h. der Theater-Agentur, folgendes Schreiben: »Hochverehrte Frau! / Wir bringen Ihnen unseren herzlichen Glückwunsch zum großen Erfolg Ihres reizenden Schwankes ›Furcht vor der Schwiegermutter‹ dar. Wir bringen im ›Charivari‹ eine hinweisende Notiz auf diesen ersten Erfolg, dem hoffentlich in schneller Reihenfolge viele andere folgen werden. / Wir grüßen mit vorzüglicher Hochachtung / Felix Bloch.«[215]

Clara Ziegler war nicht nur Mitglied der »Genossenschaft deutscher Bühnenangehöriger«, sondern, gemäß einem Schreiben vom 3. Mai 1893, auch Mitglied der »Deutschen Genossenschaft dramatischer Autoren und Componisten« mit Sitz in Leipzig.[216]

Offensichtlich nahm sie ihre schriftstellerische Arbeit ernst. Dementsprechend entstanden einige Theaterstücke aus ihrer Feder, beispielsweise das Lustspiel *Flirten* (1895), *Der Thürmer von St. Peter* (1897) mit den zwei Lebensbildern »Thürmers Weihnachtsfest« und »Thürmers Osterfest«; zudem *Falscher Verdacht* (1897) und das einaktige Lustspiel *Das Lieblingspferdchen* sowie das Lustspiel in drei Akten namens *Lawn-Tennis*, die Bühnenstücke *Ferdinand von Struntz als Schutzengel* und *Mucki* (1904).[217]

In ihren letzten Lebensjahren widmete sich Clara Ziegler, die allen als große Tragödin der Dramen bekannt war, als Autorin nur mehr der leichten Muse. Womöglich fanden gerade deswegen ihre Theaterstücke ein geneigtes Publikum, wenn auch der Widerhall in den Kritiken eher verhalten war. Als die Bühnenstücke *Thürmer I. Theil*, *Flirten* und *Furcht vor der Schwiegermutter* in Nürnberg und Bamberg am 11. bzw. 17. Dezember 1900 aufgeführt wurden, hielt sie in ihrem Tagebuch fest: »Die Stücke gefielen sehr. Die Presse fiel darüber her.«[218]

Clara Ziegler schrieb allerdings nicht nur für die Bühne, sondern verfasste außerdem noch Artikel für bestimmte Zeitungen. Es dankte ihr daher die Feuilleton-Redaktion der *Münchner Neuesten Nachrichten* am 4. November 1903 schriftlich für die Übersendung eines Artikels mit der Überschrift »Gustav Moser und ich«, der »große Freude bereitet« habe, und bat darum, der Zeitung auch in Zukunft »solche Perlen aus dem reichen Schatze Ihrer Erinnerungen« zuzusenden. Daraufhin wurden 1904 noch ihre Medea-Geschichten in drei Teilen veröffentlicht sowie 1907 die Erinnerungen an Lucile Grahn.[219] Auch *Die Zeit*, eine Wiener Tageszeitung, sprang auf diesen Zug auf, der offensichtlich Absatz versprach, und ersuchte Clara Ziegler am 24. März 1909 um einige Artikel über »Wiener Bühnengrößen«. Sie sandte der Zeitung dann ihre Erinnerungen an Sonnenthal.[220] Der *Fränkische Kurier* veröffentlichte am 1. März 1895 eine Anekdote aus ihrem Theaterleben. Darin erzählte sie mit viel Humor von einem Auftritt als »Brunhild« im Nürnberger Stadttheater, wobei Folgendes geschah: »Ich verließ eben, vollständig ausgerüstet, die Garderobe und sah mich nach der Lanze um, mit der bewehrt ich aufzutreten hatte, bemerkte aber bald, daß die vorhandene für meinen, wie bekannt, etwas über gewöhnliche Dimensionen hinausgehenden Körperwuchs nicht paßte.« Auf der Suche nach geeigneten Requisiten verlief sie sich und wurde aus Versehen in eine dunkle Kammer eingesperrt. Verzweifelt dachte die Schauspielerin daran, durch das Fenster auf die Straße zu klettern, woran sie der Schneefall jedoch hinderte. Da kam ein Mann des Wegs und Clara rief, aus dem Fenster gebeugt, um Hilfe: »Betroffen erhob er das Auge und erblickte nun im dunklen Rahmen der Fensteröffnung und bestrahlt vom fahlen Licht der Gaslaterne ein stahlgepanzertes Heldenweib mit blinkenden Helm und ebensolcher Lanze. Namenloses Entsetzen – wie ich es so drastisch ausgeprägt nie wieder gesehen – malte sich auf seinem Gesichte.« So schnell er konnte, lief der Mann davon. Schließlich kam ein anderer Herr, der sich nicht schrecken ließ und im Theater Bescheid gab, sodass die Heroine noch rechtzeitig befreit wurde und auf der Bühne erscheinen konnte.[221]

Clara Ziegler gab jedoch nicht nur ihre Erinnerungen weiter, sondern auch ihr Können als Schauspielerin. Sie unterrichtete zwei Schülerinnen: Philomene Hartl-Mitius und Frau Reubke, geb. Beilhack.[222] Von Letzterer ist bislang nichts weiter bekannt. Erstere war Philomene Waschmitius (Pseudonyme Mitius und Hartl-Mitius), die 1852 in München als Tochter eines bayerischen Beamten geboren wurde. Sie wollte Schauspielerin werden und ließ sich schließlich von Clara Ziegler ausbilden. 1871 kam Philomene Mitius ans Theater am Gärtnerplatz und spielte dort mit großem Erfolg hauptsächlich Dialektrollen in Volksstücken. 1876 ehelichte sie den Kommerzienrat Hartl. Wie ihre Lehrerin griff auch sie zur Feder und verfasste einige gern gespielte Bauernstücke, wie der *Protzenbauer* (1880) und der *Sündenbock* (1916). Die beliebte Schauspielerin starb 1929 und wurde auf dem Münchner Waldfriedhof begraben.[222]

Ableben

Mit 65 Jahren erlag Clara Ziegler am 19. Dezember 1909 in ihrer Villa zu München einem Herzleiden, das sie sich bei einem Unfall im Münchner Hoftheater 1902 zugezogen hatte. Sie war bei einer Aufführung des Trauerspiels *Patrizierin* unglücklich gestürzt und hatte sich anschließend eine Venenentzündung zugezogen, die sowohl ihre Nieren wie auch das Herz schädigte, sodass sie seitdem unter Atemnot litt. Im Laufe der Zeit verschlimmerte sich dieses Herzleiden.

Ein Zeitungsartikel berichtete über das Ableben der Ziegler 1909: »In diesem Jahre hatte sich der Zustand etwas gebessert, bis der Herbst kam, wo eine wesentliche Verschlimmerung eintrat. Die letzten Tage waren schwere Leidensstunden für die Künstlerin; die Atemnot wurde so heftig, daß sie nicht einmal mehr im Lehnstuhl sitzen konnte […] So war der Samstag, die Nacht zum Sonntag gekommen. Die Anfälle häuften sich so, daß die Patientin oft das Bett verließ, um abwechselnd auf dem Diwan und am Lehnsessel Platz zu nehmen. Sonntag früh halb 8 Uhr verlangte sie ins Bett gebracht zu werden. Das am Krankenlager anwesende Frl. Christen im Verein mit der Krankenschwester und den Dienern des Hauses brachten die Erkrankte in ihr Bett. Nach einer Weile stellten sich erneut schwere Atembeschwerden ein, die über eine Viertelstunde andauerten. Die Künstlerin erkannte ihr nahes Ende und […] kurz darauf, um 8 Uhr, trat die Katastrophe ein, Frau Klara Ziegler war tot!«[222] Ihre letzten Worte, an ihre Stieftochter gerichtet, waren: »Jetzt bin ich geistig und körperlich nichts mehr!«[223]

Mit Clara Ziegler ging die letzte Heroine des deutschsprachigen Theaters dahin, das war die einhellige Meinung der Nachrufe. Im Beileidsschreiben des Prinzregenten an Elisabeth Christen, Claras Stieftochter, hieß es: »Mit der gesamten kunstliebenden Bevölkerung betrauern auch Se. kgl. Hoheit aufrichtig den Heimgang der ruhmgekrönten Tragödin,

Clara Ziegler starb am 19. Dez. 1909 in ihrer Münchner Villa. Der Gipsformator Geiler von der Kunstakademie nahm ihr die Totenmaske ab.

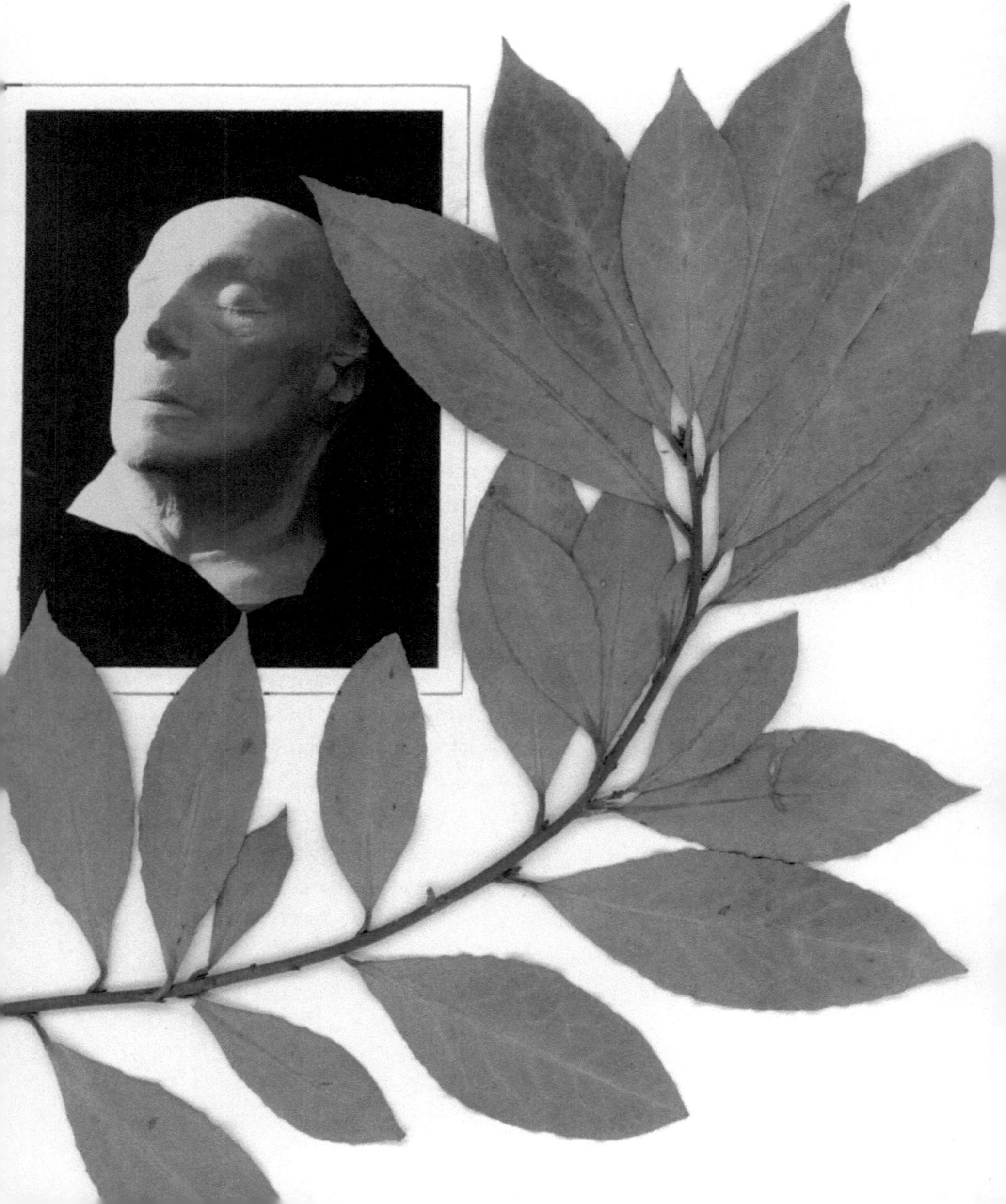

deren edles künstlerisches Können ihrem Namen eine unvergängliche Bedeutung in der Geschichte der Münchner Hoftheater und ein dauerndes, dankbares Gedenken in den Herzen der Münchner gesichert hat, welche die große Künstlerin so oft zu stürmischer Begeisterung hinzureißen wußte.«[224]

Im Trauerhaus an der Königinstraße wurden nach Bekanntgabe ihres Todes zahlreiche Kranzspenden abgegeben, wie von Vertretern des königlichen Hauses, von der Stadt München, von der Belegschaft des Hofschauspiels, von Intendanten, Regisseuren, von KollegInnen und von befreundeten Familien. Zudem riss der Strom der Beileidstelegramme nicht mehr ab.

Eingedenk ihres Berufslebens wünschte die große Tragödin, im weißen Gewand der Sappho aufgebahrt zu werden.[225] Der interessierten Öffentlichkeit wurde mitgeteilt: »In erster Linie sind zu nennen die herrliche Kranzspende des Regenten, die bereits an der Bahre im südlichen Friedhof niedergelegt ist, wo die Leiche der Künstlerin im Saal für nicht öffentliche Besichtigung unter einer Fülle von Blumen ruht.«[226]

Ein besonderes Vorkommnis wird bis heutzutage in der Ziegler-Familie im Zusammenhang mit Claras Bestattung erzählt und schriftlich festgehalten: »Clara Ziegler hatte einen Papagei, der besonders gelehrig war und ein treffliches Gedächtnis hatte. Sie liebte das Tier sehr, das sie vermutlich weit über ein Jahrzehnt besaß. In ihren letzten Lebensjahren sagte sie des öfteren zu ihren Neffen, wenn sie stirbt, solle man den Papagei töten und ihr in den Sarg mit hineinlegen. Sie wünsche, daß das Tier mit ihr eingeäschert werde. / Als Clara Ziegler am 19.12.1909 verstarb, tötete man ihren Papagei. Nachdem man dem Papagei aus seinem Gefieder zur Erinnerung noch einige Federn entfernt hatte, band ihr Neffe Wilhelm Ziegler das Tier in einen Blumenstrauß ein und legte diesen als Brustbukett in den Sarg auf die Tote. Diese Manipulation war notwendig, da die Behörde es nie zugelassen hätte, ein Tier im Sarg mit zu bestatten.«[227]

Die Verstorbene hatte zu ihren Lebzeiten noch eine Sektion ihrer Leiche und die Verbrennung verfügt. Aus diesem Grunde war sie auch vor Jahren schon dem »Verein für Feuerbestattung« beigetreten.[228]

Die Beisetzung der Urne erfolgte im engeren Kreise. Tags darauf konnte man in der Zeitung lesen: »In aller Stille, nur in Anwesenheit

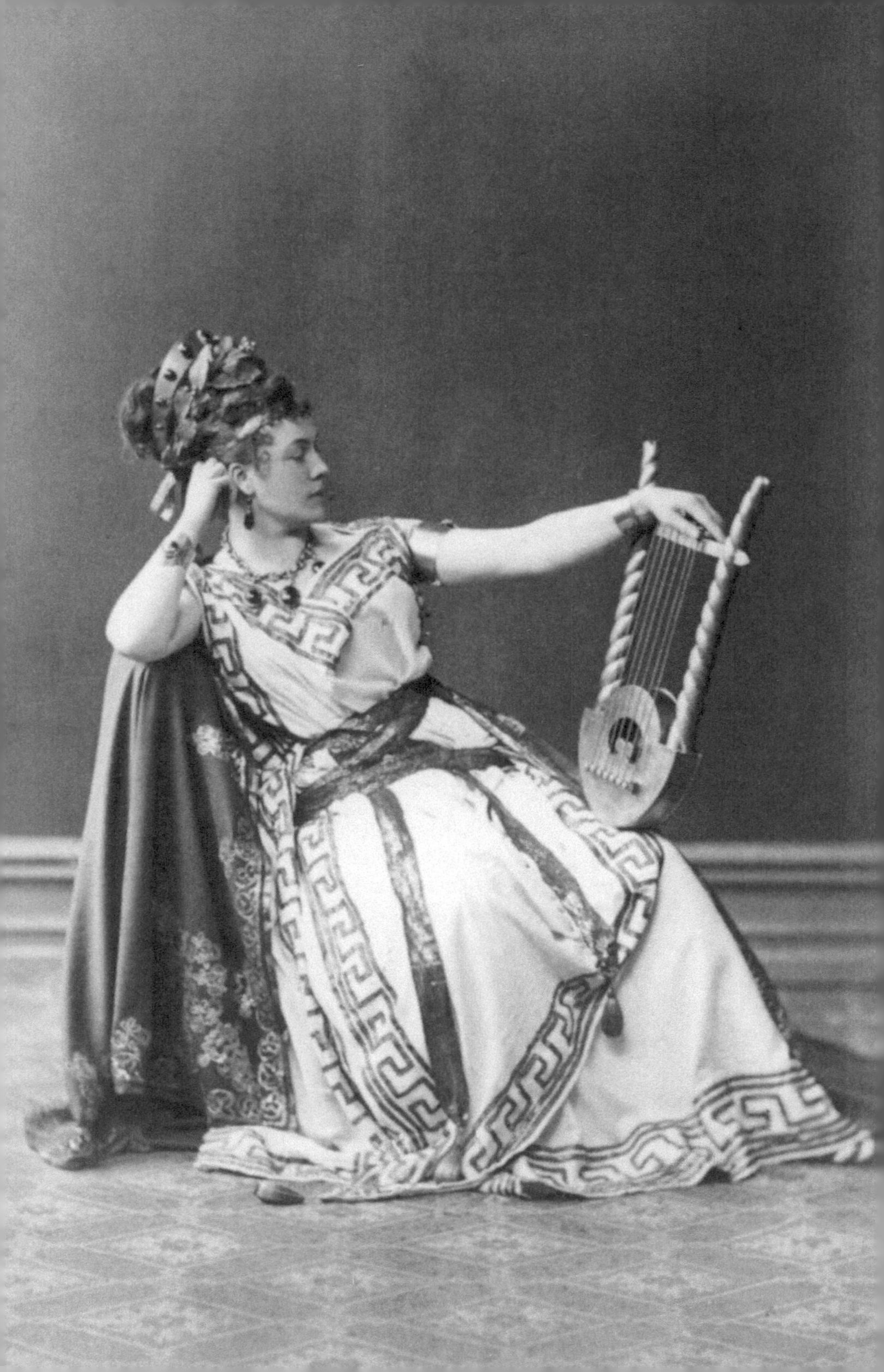

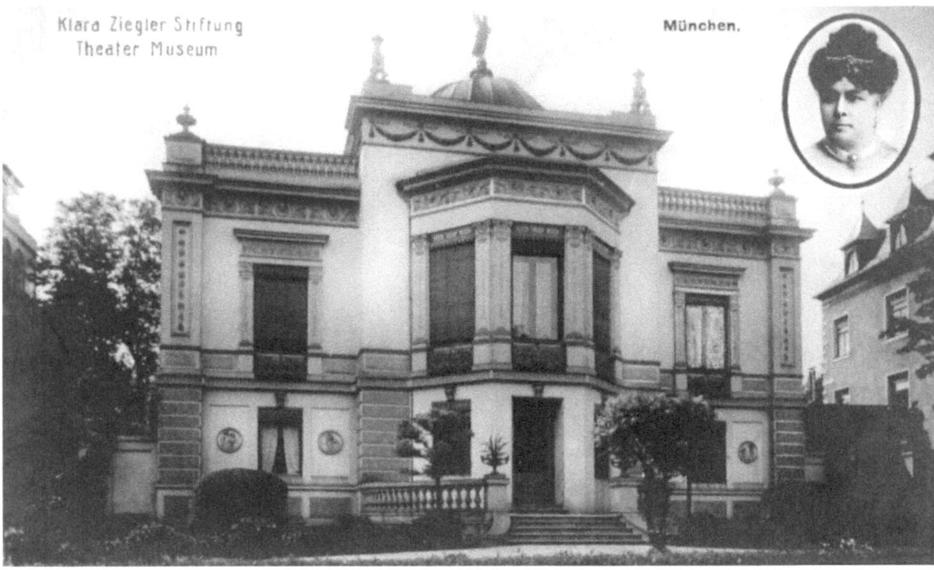

Clara Ziegler vermachte einen Großteil ihres Vermögens und ihre Münchner Villa einer Stiftung mit dem Auftrag, ein Theatermuseum dort zu eröffnen. (Die Postkarte zeigt das damalige Theatermuseum mit dem Porträt der Stifterin oben rechts.)

der nächsten Angehörigen, wurde am Freitag, 24. Dezember, die Asche Clara Zieglers in die Gruft unter den Arkaden des neuen südlichen Friedhofes versenkt. Die letzten Ueberreste der großen Tragödin umschließt eine in Kupfer getriebene Urne, modelliert von Ferd. Urban, die an der Vorderseite Schildchen mit Namen, Geburts- und Todesdaten, rechts und links die Buchstaben A und O, rückwärts das Kreuz trägt. Ueber die Urne hatten die Angehörigen einen kleinen Lorbeerkranz gewunden aus den letzten Zweigen eines von dem Gatten der Künstlerin, Hofschauspieler Adolf Christen, selbst gezogenen und stets sorgsam gepflegten Lorbeerbaumes.«[229]

Clara Ziegler als Sappho in Franz Grillparzers gleichnamigen Trauerspiel. Im Gewand der antiken griechischen Dichterin wünschte die Tragödin aufgebahrt zu werden.◀

Clara Zieglers Ehemann Adolf Christen und alle ihre Geschwister, bis auf ihre Schwester – die »Kaminkehrermeister-Witwe« Pauline

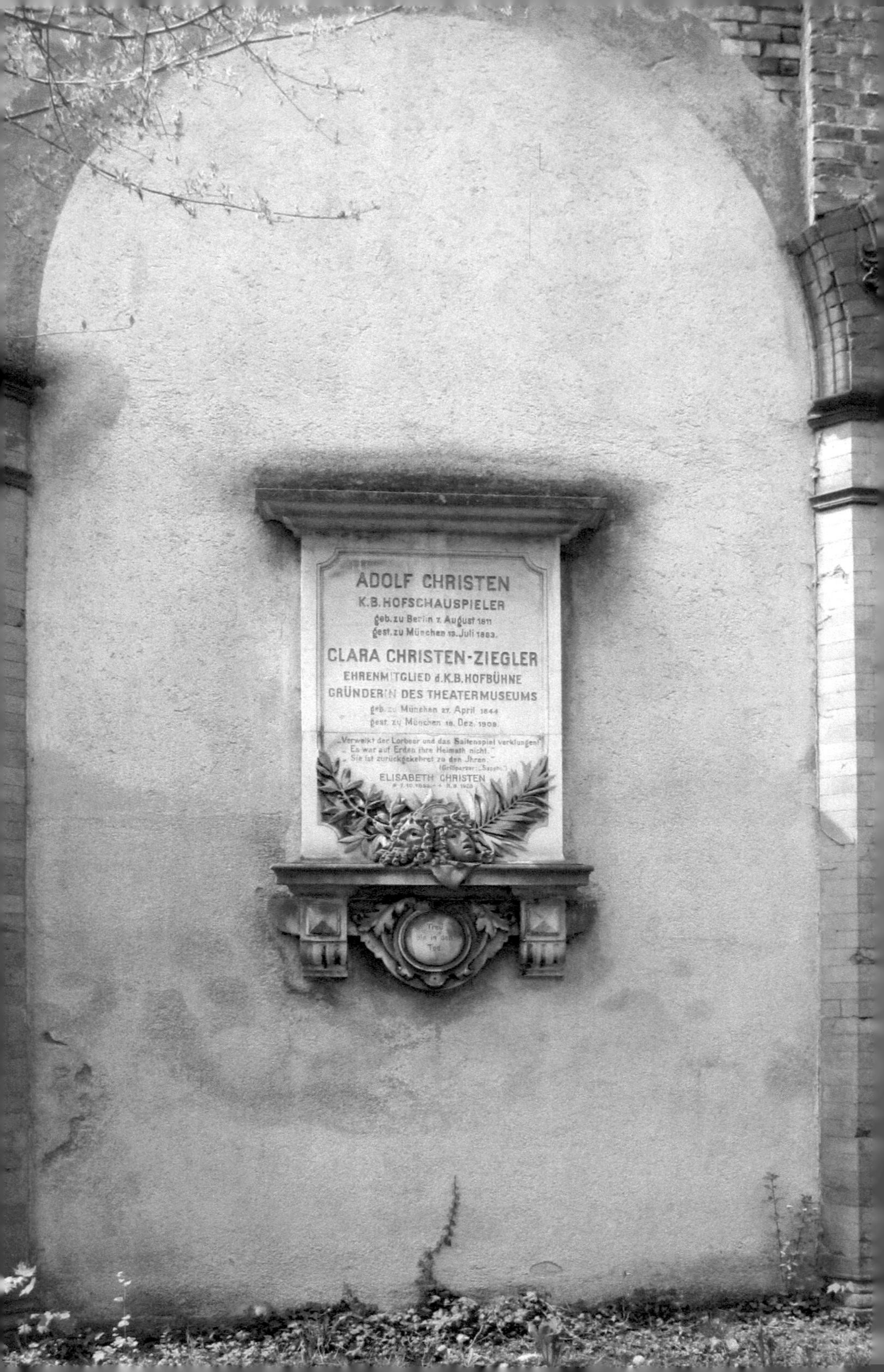
ADOLF CHRISTEN
K.B. HOFSCHAUSPIELER
geb. zu Berlin 7. August 1811
gest. zu München 13. Juli 1883.
CLARA CHRISTEN-ZIEGLER
EHRENMITGLIED d. K.B. HOFBÜHNE
GRÜNDERIN DES THEATERMUSEUMS
geb. zu München 27. April 1844
gest. zu München 19. Dez. 1909.
„Verwelkt der Lorbeer und das Saitenspiel verklungen!
Es war auf Erden ihre Heimath nicht."
Sie ist zurückgekehret zu den Jhren."
ELISABETH CHRISTEN
Treu
Tod

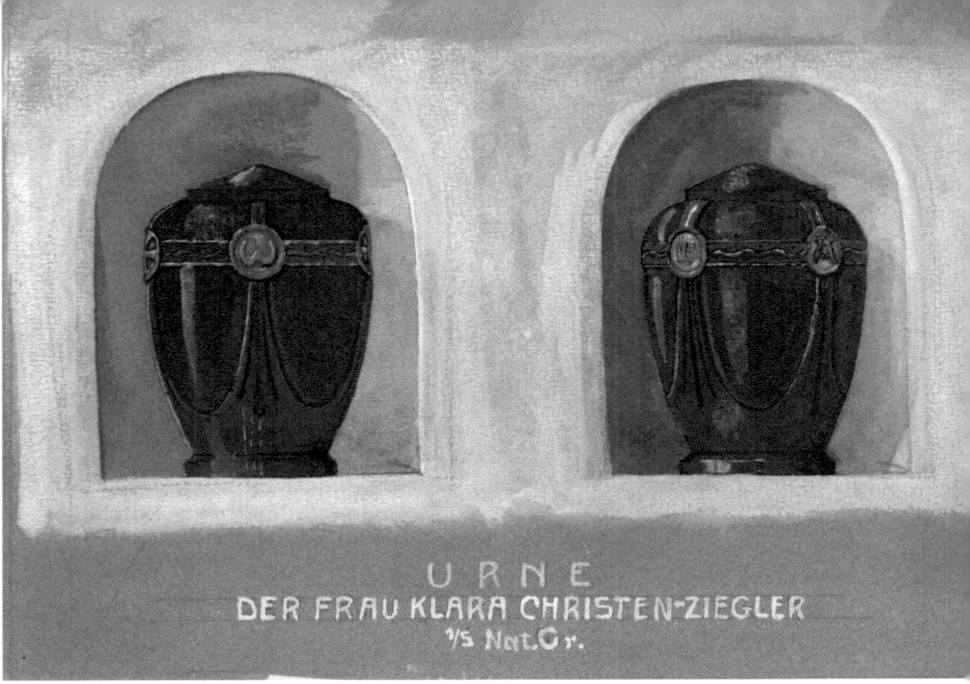

Bereits zu Lebzeiten verfügte Clara Ziegler eine Feuerbestattung. Die kupferne Urne wurde von Ferdinand Urban modelliert.

Staudacher –, waren ihr in den Tod vorangegangen. Überlebt wurde sie außerdem von ihrer Stieftochter Elisabeth sowie von fünf Neffen. Das waren die drei Söhne ihres Bruders Leutnant Wilhelm Ziegler – ein Ingenieur, ein Bankbeamter in Berlin und ein Techniker – sowie der Sohn ihres jüngsten Bruders Albert, der damals noch die Schule besuchte, zudem Max Pracher, der Sohn ihrer verstorbenen Schwester Babette, der als Chordirektor in München tätig war.[230]

In ihrem Testament bestimmte die Verstorbene ihre Schwester Pauline als Vorerbin einer Summe von 150 000 Mark sowie einiger Gegenstände, die teilweise noch dem Haushalt der Mutter entstammten. Nach dem Tod der Schwester wurden als Erben Clara Zieglers Neffen Wilhelm Ziegler (Ingenieur) in München, Fritz Ziegler (Bankbeamter) in Berlin, Roman Ziegler (Techniker) und Albert Ziegler (beide in München wohnhaft) eingesetzt. Ihr Neffe Max Pracher wurde

Auf dem Südlichen Friedhof in München wurde Clara Zieglers Urne im Grab ihres geliebten Gatten Adolf Christen beigesetzt. Diese letzte Ruhestätte der großen Tragödin des 19. Jahrhunderts kann heutzutage noch besucht werden.◀

vom Erbe »ausgeschlossen«.[231] Ferner bedachte die Erblasserin umfangreich ihre Stieftochter Elisabeth Christen, wie wir nachfolgend noch sehen werden.

Mit Clara Ziegler schied nicht nur eine große Schauspielerin, »sondern auch eine edle, gute Frau, die im Stillen viele Wohltaten erwies«, wie es in einem Nachruf hieß.[232] Ihre Stiftungen zeugen noch heute davon.

KAPITEL 7

»zum Zeichen der dankbaren Erinnerung«

Der Nachhall

Stiftung des Theatermuseums – Namensgebungen – Ruhmeshalle – Würdigung

Stiftung des Theatermuseums

Als ihr Bühnenerfolg Clara Ziegler auch finanziell sehr gut stellte, spendete sie bei zahlreichen Gelegenheiten und Anlässen Geld. Ein Beispiel dafür sei ihre Gabe für die verwundeten Soldaten aus Bayern, die 1870/71 im Krieg zwischen dem nachmaligen deutschem Kaiserreich und Frankreich im Feld gestanden hatten. Dazu meldete ein Zeitungsartikel im September 1870: »Unsere berühmte Hofschauspielerin Klara Ziegler hat im Stadttheater zu Graz als Adrienne Lecouvreur mit großem Erfolg gastirt und den vollen Ertrag zu vierhundert Gulden ö.W. zum Besten der verwundeten bayerischen Krieger dem deutschen Zentral-Hilfskomité in Steiermark übergeben. Das genannte Komité übersendete die patriotische Spende dem Münchener Zentralkomité des Landeshilfs-Vereins.«[233]

Am folgenreichsten jedoch war ein großherziges Vermächtnis: Die Tragödin vererbte am 20. Juni 1907 ihre Münchner Villa und ein Vermögen von 150000 Mark testamentarisch einer noch zu gründenden Clara-Ziegler-Stiftung mit dem Ziel, dort ein Theatermuseum einzurichten. Ihr letzter Wille besagte, da sie »keine pflichttheilberechtigten Erben« habe und aus diesem Grund über ihr Vermögen völlig frei verfügen könne, bestimme die Erblasserin die »Genossenschaft deutscher Bühnenangehöriger« zu ihrer Erbin. Weiter steht zu lesen: »Ich habe nun mit meiner Stiftung den Zweck im Auge, unserer Kunst eine Heimstätte in vornehmen Sinn zu gründen, welche unserem Stand zur

Ehre gereichen und zugleich nutzbringend sein soll. Und stelle an meine sämtlichen Berufsgenossen die Bitte, meine Absicht thatkräftig unterstützen zu wollen. / In Familien existieren interessante Bilder, alte Manuskripte, Theaterreliquien u. dgl., die gesammelt, und von künstlerischer Hand geordnet, von kulturhistorischem Werth sind, und mancher hervorragende Künstler wird sich freudig von wertvollen Erinnerungszeichen seiner Kunst trennen, um sie einer Sammlung einzuverleiben, die nur dem Werthvollsten und Interessantesten aus der Bühnenwelt als Sammelpunkt dienen soll. / Mein Haus soll dieser Sammelpunkt sein, und es soll somit aus unserem eigenen Stande die Gründung eines Theatermuseums hervorgehen, das der deutschen Schauspielkunst bis heute noch fehlt, und das zu errichten ich als die schönste Aufgabe meines Lebens betrachte [...] Die Stiftung soll in München sein.«[234]

Anstoß zu dieser Stiftung gab ein Besuch der Wiener Kunst- und Musikausstellung im August 1892: »Hier waren zum ersten Male die großen Leistungen ihres Berufsstandes in imposanter Fülle und zwingender Deutlichkeit wissenschaftlich gesammelt und zur Schau gestellt worden. Die Schauspielerin erkannte, von ihrem Beruf her an die Flüchtigkeit des Künstlerlebens gewöhnt, die Tragik aller Ausstellungsereignisse, das Zerflattern aller mit so viel Mühe und Liebe zusammengeholten Gegenstände und Dokumente, und wollte eine Sammel- und Heimstätte für diese Dinge schaffen.«[235] In ihrem Testament formulierte Clara Ziegler diesen prägenden Eindruck so: »Die interessante Musik- und Theaterausstellung in Wien hat gezeigt, welche Schätze im Theater verborgen liegen und welches Interesse das Publikum dafür hegt.«[236]

Am 19. Juni 1910 wurde schließlich die »Clara-Ziegler-Stiftung« durch ein königliches Dekret ins Leben gerufen und bereits am 24. Juni in ihrer Villa das Theatermuseum eröffnet.

»Es sollte kein Klara-Ziegler-Museum werden, obgleich natürlich Andenken an die große Künstlerin in Menge dort vorhanden sind, sondern es wurde als ›Klara-Ziegler-Stiftung‹ ein Theatermuseum. Der Gedanke war so glücklich und zeitgemäß, daß bald der Sammlung von allen Seiten reiche Beiträge zuströmten, Bücher, Bilder, Kunstgegenstände verschiedenster Art, Kostüm- und Dekorationszeichnungen erster Künstler alter bis neuester Zeit. Alles Material zur Geschichte der

Bühnenkunst, dank dem das Museum ein für die Theaterwissenschaft über aus wichtiges Institut geworden ist«, heißt es in einem Beitrag zu Clara Zieglers 25. Todestag.[237]

Elisabeth Christen, Stieftochter und Vertraute, hütete die Hinterlassenschaft der großen Tragödin treulich. Testamentarisch war ihr ein Wohnrecht im »ganzen Parterre« der Villa vermacht worden, »so lange sie es wünscht«, zudem »alles, im Hause Königin Str. 25, mit Ausnahme, der für die Stiftung, der Genossenschaft deutsch(er) Bühnenangehörigen, bestimmten Gegenstände, darunter auch Clara Zieglers privater Schmuck.«[238]

Als erster verwirklichte nun der ehemalige Hofschauspieler Victor Schwannecke, zum geschäftsführenden Direktor ernannt, die Öffnung der Villa als Museum.[239] Zunächst zeigte das Theatermuseum Clara Zieglers Erinnerungsstücke, Geschenke und Ehrengaben im Wohnambiente der Villa. Im Laufe der Zeit kamen aber noch zahlreiche Schenkungen und Nachlässe anderer BühnenkünstlerInnen hinzu, sodass allmählich ein veritables Theatermuseum entstand. Allerdings brachten der Erste Weltkrieg und die Inflationsjahre eine Krise im Aufbau und der Finanzierung des Museums. Zuerst halfen die Bühnengenossenschaft und der Bühnenverein überbrückend aus. Ab dem 1. August 1922 übernahm der bayerische Staat laut Landtagsbeschluss die Verwaltung und auch die Stadt München engagierte sich finanziell. Daher konnte der erste wissenschaftliche Leiter, Professor Dr. Franz Rapp, mittels Neuerwerbungen die bestehende Sammlung anreichern und das Theatermuseum zu wissenschaftlichem und internationalem Ansehen bringen. 1935 rief eine Berliner Zeitschrift diese Bedeutung nochmals in Erinnerung: »Das letzte Vermächtnis dieser Tragödin wandelte vor einem Vierteljahrhundert ihre Villa am Englischen Garten in München in das erste deutsche Theatermuseum um, das der großen deutschen Theatergeschichte bis heute sehr lebendig dient und eine Chronik einer großen Zeit wiedergibt.«[240]

Nach und nach wurde die Villa in der Königinstraße für alle Objekte zu klein, deshalb baute man in den ehemaligen Odysseus-Sälen der königlichen Residenz zu München eine systematische Schausammlung zur Geschichte des Theaters auf.[241] Diese konnte dann zum 25jährigen

Heute befindet sich das Deutsche Theatermuseum in der Münchner Galeriestraße direkt am Hofgarten. Es bewahrt und dokumentiert in Sammlungen und wechselnden Ausstellungen die bundesweite Theatergeschichte.

Jubiläum des Theatermuseums erstmals dem Publikum zugängig gemacht werden.

Allerdings mussten die Räume erst instandgesetzt werden, denn »in der ganzen Flucht ist während der Regierungszeit Ludwig I. nur ein Saal wirklich fertig geworden, alle anderen hatten rohe Bretterböden.« Nunmehr entstanden der »Max Littmann-Saal« und ein »Ehrenraum« sowie »die vier nach Süden liegenden Räume, in denen das Theater-Museum eine Auslese seiner bisher unzugänglichen Bestände zeigt.« Damit hatte das Theatermuseum seit 1932 eine neue Abteilung in der Münchner Residenz.[242] 1933/34 kamen noch drei Räume durch finanzielle Zuwendungen des Münchner Stadtrats, der Bühnengenossenschaft, des Bühnenvereins und durch Frau Geheimrat Littmann hinzu, ausgestattet mit zeitgemäßen Lichtanlagen und Schaupulten. Diese neuen Räume wurden am 24. Juni, dem Tage des 25jährigen Bestehens des Theatermuseums, eröffnet und führten die theatergeschichtliche Abteilung systematisch von Gottsched bis Goethe, von Dingelstedt zu Richard Wagner und dem Herzog von Meiningen weiter. Schließlich vereinigte ein vorläufig letzter Saal noch die zahlreichen Gemälde und Skulpturen der großen Schauspieler in einer Art Ehrengalerie der Schauspielkunst.[243]

Durch die schlimmen Ereignisse des Zweiten Weltkriegs und der Naziherrschaft – Museumsleiter Rapp musste Deutschland verlassen – wurde der weitere Ausbau der Sammlungen verhindert. Bomben zerstörten 1944 Clara Zieglers Villa und damit das Herzstück des Theatermuseums. Zwar hatte man einen Großteil der Sammlungen vorher in Sicherheit gebracht, dennoch ging manches unwiederbringlich verloren.

In den Nachkriegsjahren kam zunächst ein Notbetrieb in ehemaligen NS-Bauten in Gang. Schließlich entschloss sich aber die »Clara-Ziegler-Stiftung«, das Grundstück in der Königinstraße zu veräußern. Mit Hilfe dieser Gelder konnte am Hofgarten ein Teil der ausgebrannten Galeriegebäude wiederaufgebaut und Räumlichkeiten für das Theatermuseum bis 1953 / 54 hergerichtet werden. Bald öffneten sich dann auch die Pforten für den wissenschaftlichen Betrieb mit der Bibliothek und den Sammlungen, aber auch für wechselnde Ausstellungen.

Allerdings wartet das interessierte Publikum bis heute noch auf die Wiedereröffnung einer ständigen historischen Schausammlung zur Geschichte des Theaters und seiner KünstlerInnen. Eine Dauerausstellung zur Theatergeschichte wünscht sich das Deutsche Theatermuseum zwar nachdrücklich, muss sich jedoch bislang wegen Platzmangels auf Sonderausstellungen beschränken.[244]

Namensgebungen

In seiner ersten Sitzung nach Clara Zieglers Ableben ehrte der Münchner Magistrat unter der Leitung von Dr. Brunner die berühmte Verstorbene: »Zum Zeichen der Trauer und dankbaren Erinnerung erhob sich das Kollegium von den Sitzen!« Der Stadtrat verwies dabei auf Clara Zieglers Freigiebigkeit mit den erinnernden Worten: Am 21. Juni 1907 übergab die Tragödin der Stadt München Wertpapiere im Werte von 200 000 Mark »zur Errichtung einer Stiftung mit der Bestimmung, daß der Name zu Lebzeiten der Stifterin nicht genannt wird. Die Rente dieser nunmehri-

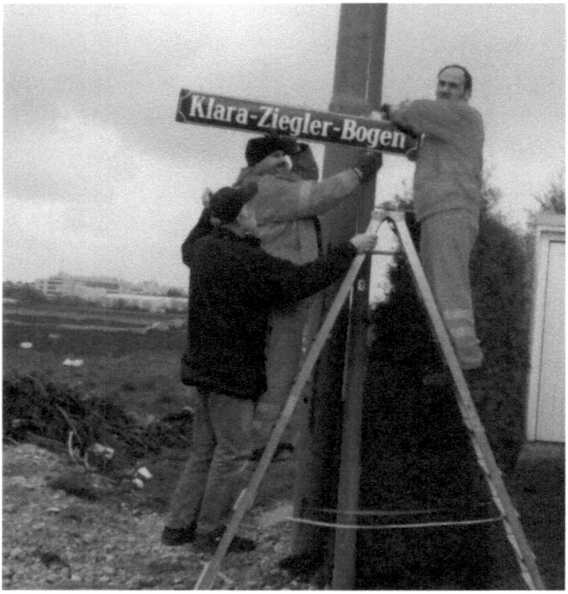

Die Stadt München ehrte ihre große Tochter und Gönnerin erst im Jahre 2000 mit einer Straßenbenennung.

gen Klara-Ziegler-Stiftung ist nach Abzug der Verwaltungskosten und eines für Instandhaltung der Gruft im südlichen Friedhof ausgesetzten Betrages zur einen Hälfte in je gleichen Teilen für die Münchner städtischen Waisenhäuser [ohne Unterschied der Konfession], für das protestantische Waisenhaus und für das protestantische Altersheim bestimmt, die andere Hälfte ist nach Abzug von jährlich 200 M[ark] für die Witwen- und Waisenfonds des Hoftheaters für deutsche, kranke und unterstützungsbedürftige Bühnenkünstler beiderlei Geschlechts zu verwenden.« Zum Dank für diese großherzige Stiftung beschloss der Magistrat, in München eine Straße nach der Stifterin zu benennen.[245]

Vermutlich wurde dieser Beschluss jedoch nicht sofort in die Tat umgesetzt, obwohl bereits eine kleine Straße bei der Zaubzer- und Lisztstraße dafür vorgesehen war, wie ältere Stadtpläne dies bereits verzeichnen. Später wurde das Vorhaben offenbar vergessen. »Ja, Klara Ziegler ist eine echte, rassige, geborene Münchnerin, ein geniales Kind der Kunst-

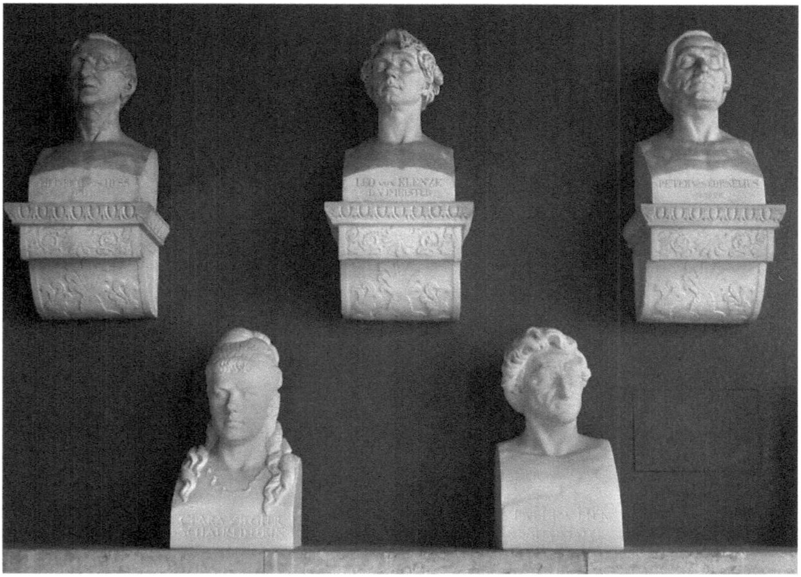

Die Büste der Clara Ziegler unten links(Bildhauer: Toni Preis) wurde am 3. April 2000 zu Füßen der Bavaria in München aufgestellt. Damit zogen erstmals – gemeinsam mit der Büste der Schriftstellerin Lena Christ – Frauen in die bayerische Ruhmeshalle ein.

stadt – und darum wird es ihr dereinst passieren, daß sie von den guten Münchenern zuerst vergessen wird«, meinte schon damals der Autor und Zeitgenosse Conrad.[248]

Aber, was lange währt, wird manchmal gut: Im Jahre 2000 benannte die Stadt München eine Straße nach ihrer großen Tochter, nämlich den »Klara-Ziegler-Bogen« im Stadtteil Waldperlach. Ernst Ziegler, Urgroßneffe der Tragödin, initiierte die Straßenbenennung, fand Unterstützung beim Münchner Stadtrat Gerd Baumann, der einen entsprechenden Antrag einbrachte.[249]

In Allmannshausen, Clara Zieglers zweitem Wohnort, war man dagegen schneller. Seit die Tragödin dort eine Villa gekauft hatte, wurde die Sitzbank vor ihrem Grundstück im Volksmund bereits »Zieglerbankerl« und der abfallende Weg hinunter zum Starnberger See »Zieglerbergerl« genannt, so erinnerte sich ein Gemeinderatsmitglied noch 1977.[250]

Um 1970 mussten alle Straßen und Wege, laut Gemeindereform in Bayern, mit Namen gekennzeichnet werden. Daher setzte sich der langjährige Gemeinderat Schuster »mit seinem Schulkameraden Dr. Lichtenberg dafür ein, daß die schmale Straße, die von der Hauptstraße zum ehemaligen Grundbesitz der Clara Ziegler hinaufführt (etwa 300 m lang) als ›Zieglerweg‹ benannt [werde].«[251] Trotz einiger Gegenwehr hatten sie mit ihrem Antrag Erfolg, und so ist die »Theatergöttin« des 19. Jahrhunderts in ihrem ländlichen Rückzugsort zumindest mit einer Straße noch präsent, wenn auch nur mit ihrem Nachnamen Ziegler, der von den Spaziergängern auch irreführend interpretiert werden kann.

Ruhmeshalle

Zu Füßen der kolossalen Statue der Bavaria in München steht auf der Anhöhe, welche die Theresienwiese nach einer Seite hin begrenzt, die Ruhmeshalle. Sie wurde von König Ludwig I. als Ehrentempel ausgezeichneter bayerischer Persönlichkeiten gedacht, von Leo von Klenze geplant und 1853 als dreiflügelige Säulenhalle errichtet. 1966 beschloss die bayerische Staatsregierung die Ruhmeshalle nicht nur als Museum anzusehen, sondern weiterhin als Ehrenplatz für Persönlichkeiten »bayerischen Verdienstes und Ruhmes« zu gestalten.[252] Am 3. Mai 1996 entschied der Ministerrat, eine Kommission zu bilden, die sich mit der Neuaufstellung von Büsten befassen und dementsprechende Vorschläge erarbeiten solle. Allerdings waren in der Ruhmeshalle ausschließlich die Büsten von Männern, die sich um das Land Bayern, Wissenschaft, Kultur und Sozialbereich verdient gemacht hatten, zu sehen. Daher trat man am 9. September 1997 dem Gedanken näher, nunmehr auch Frauen zu ehren.[253] Tags darauf titelte die *Süddeutsche Zeitung* euphorisch: »Die Emanzipation erobert die Ruhmeshalle.«[254] Dementsprechend zogen am 3. April 2000 die Büsten der Schauspielerin Clara Ziegler[255] und der Schriftstellerin Lena Christ in die Ruhmeshalle ein. Allerdings fanden bis heute nur mehr weitere zwei Büsten von Frauen dort ihren Platz, nämlich die der Naturforscherin Therese Prinzessin von Bayern und der Mathematikerin Emmy Noether (beide am 22. April 2009). Das sind gegenwärtig nur vier geehrte Frauen unter fast 100 Männern!

Würdigung

In zahlreichen Aussagen tritt uns Clara Ziegler als liebenswürdige, humorvolle, gebildete und mildtätige Frau entgegen, aber auch als liebende Gattin, treue Freundin sowie als große Künstlerin und weitherzige Stifterin. Die gefeierte Tragödin lebte in einer Epoche der Theatergeschichte, in der sowohl die historisierend-realistische sowie monumental-pathetische Darstellungsweise wie auch der bürgerlich-psychologisierende Stil existierten sowie das naturalistische Drama an der Wende zum 20. Jahrhundert bereits aufkam. Diese Darstellungsweisen konkurrierten in der Gründerzeit miteinander, beeinflussten sich manchmal auch gegenseitig. Wobei jedoch Clara Ziegler einen eigenen Stil, eine besondere Darstellungs- und Ausdrucksweise entwickelte.

Als sich die Sechzigjährige 1904 vom Theater zurückzog, urteilte daher die Zeitschrift *Bühne und Welt*: »Die Tragödin Clara Ziegler ist dem Streite der Meinungen entrückt; sie gehört nunmehr der Geschichte an und wird in der Geschichte der deutschen Schauspielkunst fortleben [...].«[256] Dankbar hinzufügen müssen wir nicht zuletzt noch: Clara Ziegler wird außerdem fortleben als Gründerin des Deutschen Theatermuseums in ihrer Heimatstadt München. Ihr Motiv für diese großartige Stiftung erklärte sie selbst in ihrem Testament mit diesen Worten: »Mein Leben war der Kunst geweiht und mit einer bedeutungsvollen künstlerischen Tat will ich es abschließen.«[257]

ANHANG

Anmerkungen

1 Gronemeyer: Theater, 2009, S. 103.
2 Ebd., S. 105.
3 Kindermann, Theatergeschichte Europas, Realismus, S. 13.
4 Rühle, Theater in Deutschland 1887–1945, S. 48.
5 Zit. nach Prinz, Friedrich: Die Geschichte Bayerns, München 2003, S. 339f.
6 Vgl. dazu Turtur, L. u. Bühler, A. L., Geschichte des Protestantischen Dekanats, München 1969; hier: Turtur und Jesse, zit. nach Kotsowilis, Die griechische Kirche, München 1998.
7 Zeitungsausschnitt v. 28. April 1904 »Eine Münchner Heroin.«, entnommen aus: Zettel, Karl: Monacensia, Zeit- und Stimmungsbilder aus Alt- und Jungmünchen, in: Ziegler, Ernst: Privates Familienarchiv, München.
8 Harweck-Waldstedt, G. M.: Clara Ziegler, Gedenkblatt zu ihrem 25jährigen Künstlerjubiläum (21. Februar 1887), Osterwieck / Harz 1887, S. 1.
9 Ziegler, Ernst: Privates Familienarchiv, München.
10 Zumindest von einer Tochter namens Maria wird in der Familie Ziegler heute noch berichtet. Siehe auch Stammtafel im Anhang.
11 Siehe auch Stammtafel im Anhang.
12 Ziegler, Ernst: Privates Familienarchiv, München.
13 Mayerhofer, Johannes: Clara Ziegler, Biographische Skizze, Bamberg 1887, S. 6.
14 Ziegler, Franz Wilhelm: Wie ist dem Handwerkerstande zu helfen?, Berlin 1850.
15 Angeblich wurde Klara mit »K« als Taufname eingetragen; später unterschrieb sie jedoch immer als Clara mit »C«. Ich verwende daher die »C-Schreibweise«.
16 Ziegler, Ernst: Privates Familienarchiv, München.
17 Zeitungsausschnitt v. 1910: Noch eine kleine Erinnerung an Klara Ziegler, in: Ziegler, Ernst: Privates Familienarchiv, München.
18 Artikel im Münchener Tagblatt, Clara Ziegler (Nachruf), 1909, in: Nachlass Clara Ziegler, Autographen, Abgabe Rohrmann, Deutsches Theatermuseum München.
19 Ebd., Zeitungsausschnitt v. 1910: Noch eine kleine Erinnerung an Klara Ziegler.
20 Rützow, Sophie: Die Clara und die Pfauenfeder, Zeitungsartikel 1939; in: Ziegler, Ernst: Privates Familienarchiv, München.
21 Ziegler, Clara: Selbstbiographie, in: Nachlass Clara Ziegler, Autographen, Deutsches Theatermuseum München, S. 2.

22 Panzer / Plößl: Bayerns Töchter, S. 232–234.

23 Ziegler, Clara: Wie ich Lucile Grahn kennen lernte, München, 4. April 1907, in: Nachlass Clara Ziegler, Autographen, Manuskripte, Album 1, Deutsches Theatermuseum München.

24 Ebd.

25 Selbstbiographie von Clara Ziegler, zit. nach Eschweiler, Hans Georg: Klara Ziegler, S. 17.

26 Kreuzblatt 1874, S. 81.

27 Selbstbiographie von Clara Ziegler, zit. nach Eschweiler, Hans Georg: Klara Ziegler, S. 18.

28 Vgl. Ziegler, Ernst: Privates Familienarchiv, München.

29 Harweck-Waldstedt: Clara Ziegler, Gedenkblatt, S. 1.

30 Ebd., S. 1.

31 Ebd., S. 2.

32 Artikel: Wie Clara Ziegler Schauspielerin wurde, in: Kreuzerblatt, Augsburg 1874, S. 81.

33 Vgl. Auftritte und Rollen der Clara Ziegler im Anhang.

34 Vgl. Schwanneke, Victor: Führer durch das Theater-Museum, München 1910, S. 24.

35 Artikel München 1862, in: Nachlass Clara Ziegler, Autographen: Clara Ziegler in der Kritik, Deutsches Theatermuseum München.

36 Zeitungsausschnitt, in: Ziegler, Ernst: Privates Familienarchiv, München.

37 Ziegler, Klara: Mein erstes Auftreten als Medea, in: Münchner Neueste Nachrichten, 22. April 1904, in: Ziegler, Ernst: Privates Familienarchiv, München.

38 Ziegler, Clara: Tagebuch, Theatermuseum München.

39 Possart, Ernst von, Erstrebtes und Erlebtes, S. 95–99.

40 Ebd.

41 Gaiger, J.: Kritik, in: Kritiken Bd. I, Nachlass Klara Ziegler, Deutsches Theatermuseum München.

42 Vgl. Eschweiler: Klara Ziegler, S. 38. Er paraphrasiert hier einen Artikel im »Augsburger Kurier« v. 22. März 1885.

43 Zeitungsartikel: Das bajuwarische Riesenfräulein – Die Lebensretterin mit dem langen Arm, in: Münchner Abendblatt, 22. Dez. 1939, in: Ziegler, Ernst: Privates Familienarchiv, München.

44 Artikel: Wie Clara Ziegler Schauspielerin wurde, in: Kreuzerblatt, Eine Wochenschrift für Jedermann (1874), Nr. 21, S. 82.

45 Ziegler, Klara: Mein erstes Auftreten als Medea, in: Münchner Neueste Nachrichten, 22. April 1904, in: Ziegler, Ernst: Privates Familienarchiv, München.

46 Ebd.

47 Zeitungsartikel: Das bajuwarische Riesenfräulein – Die Lebensretterin mit dem langen Arm, in: Münchner Abendblatt v. 22. Dez. 1939, in: Ziegler, Ernst: Privates Familienarchiv, München.

48 Vgl. Eschweiler, Klara Ziegler, S. 35–39. Eschweiler zitiert hier Kritiken der Jahre 1876–1885.

49 Ebd.
50 Ebd.
51 Ebd.
52 Ebd.
53 Ebd.
54 Possart, Ernst von: Erstrebtes und Erlebtes, S. 95–99.
55 Ziegler, Clara: Selbstbiographie, Manuskript, Autographen, Theatermuseum München. – Liste ihrer Rollen in Ulm siehe Anhang.
56 Artikel: Wie Clara Ziegler Schauspielerin wurde, in: Kreuzerblatt (1874), S. 82.
57 Ziegler, Clara: Selbstbiographie, Deutsches Theatermuseum München.
58 Ebd.
59 Friedrich Engelken (1804 Oberneuland / Bremen–2. Juli 1879 München) fand 1879 den Freitod in der Isar. Clara Ziegler erinnerte sich dazu: »Auf einer großen Tournee begriffen, las ich zu meinem Entsetzen eines Tages, daß Direktor Engelken, der in guten Verhältnissen lebte, gänzliche Erblindung und Vereinsamung fürchtend, den Tod in den Wellen gesucht habe.« (Artikel in: MNN, 22. April 1904, in: Ziegler, Ernst: Privates Familienarchiv, München.
60 Vgl. Maxstadt, Erni: Münchner Volkstheater im 19. Jh. und ihre Direktoren, München 2002.
61 Ebd., S. 202.
62 Frey, Stefan: Gärtnerplatztheater, Leipzig 2015, S. 21f.
63 Vgl. Druckversion des Festspiels »Was wir wollen«, in: Nachlass Clara Ziegler, Autographen, Theatermuseum München, Bd.: Clara Ziegler in der Kritik, übergeben von Elisabeth Christen.
64 Vgl. Balk, Claudia: Theatergöttinnen, S. 189.
65 Ebd.
66 Ziegler, Klara: Mein erstes Auftreten als Medea, in: Münchner Neueste Nachrichten, 22. April 1904, in: Ziegler, Ernst: Privates Familienarchiv, München.
67 Ziegler, Clara: Tagebuch, Bibliothek, Deutsches Theatermuseum, München.
68 Ebd.
69 Ebd.
70 Ebd.
71 Ebd.
72 Ebd.
73 Ziegler, Klara: Mein erstes Auftreten als Medea, in: Münchner Neueste Nachrichten, 22. April 1904, in: Ziegler, Ernst: Privates Familienarchiv, München.
74 Ziegler, Clara: Tagebuch, Bibliothek, Deutsches Theatermuseum, München.
75 Ebd.
76 Ebd. – Clara Ziegler notierte z. B. am 30. März 1866: »Reise nach Lindau mit Christen wegen Streitigkeiten mit der Mutter, schnell wieder abgereist.«
77 Ziegler, Clara: Tagebuch, Bibliothek, Deutsches Theatermuseum, München.
78 Ebd.
79 Siehe Münchner Abendblatt v. 22. Dez. 1939, Nr. 299, Artikel: Die Lebensretterin mit dem langen Arm. Zeitungsauschnitt im Familienarchiv von Ernst Ziegler, München.

80 Aufbewahrt im Deutschen Theatermuseum München.
81 Siehe Fotosammlung, Deutsches Theatermuseum München.
82 Mayerhofer: Clara Ziegler, S. 15.
83 Ziegler, Clara: Tagebuch, Eintrag 31. Dez. 1867, Bibliothek, Deutsches Theatermuseum München.
84 Vgl. Eschweiler: Klara Ziegler, S. 27.
85 Mayerhofer: Clara Ziegler, S. 16f.
86 Ziegler, Clara: Tagebuch, Bibliothek, Deutsches Theatermuseum München.
87 Ziegler, Clara: Tagebuch, Eintrag Dezember 1867, Bibliothek, Deutsches Theatermuseum München.
88 Mayerhofer: Clara Ziegler, S. 17f.
89 Notiz von Clara Ziegler, zit. nach Victor Schwanneke, Führer durch das Theater-Museum, München 1910, S. 23. – Julie Rettich (1809 Hamburg–1866 Wien), eine der drei großen Burgschauspielerinnen im 19. Jh. (neben Sophie Schröder und Charlotte Wolter).
90 Ebd., S. 18.
91 Balk, Claudia: Theatergöttinnen, S. 190: »Im Zweiten Weltkrieg wurde dieser Schmuck beim Brand der Villa vernichtet, nur eine Portraitzeichnung vermittelt noch den Eindruck.«
92 Ziegler, Clara: Brief aus dem Nachlass v. Alfred Holzbock (o. Datum), in: Nachlass Clara Ziegler, Deutsches Theatermuseum München.
93 Vgl. Balk: Theatergöttinnen, S. 190.
94 Ziegler, Clara: Tagebuch, Bibliothek, Deutsches Theatermuseum München.
95 Ebd.
96 Vgl. Schwanneke, Victor: Führer durch das Theater-Museum, S. 21.
97 Vgl. Meyerhöfer: Klara Ziegler, in: Alte und Neue Welt, Illustr. Familienblatt (1935), S. 222.
98 Clara Ziegler am 18. Mai 1869 in ihrem Entlassungsgesuch an König Ludwig II. von Bayern (Personalakt kgl. Hof- und Nationaltheater), zit. nach Eschweiler, Klara Ziegler, S. 28.
99 Vgl. Schwanneke, Victor: Führer durch das Theater-Museum, S. 23.
100 Ebd., vgl. auch Mayerhofer: Clara Ziegler, S. 21f.
101 Ebd., S. 22.
102 Ziegler, Clara: Tagebuch, Bibliothek, Deutsches Theatermuseum München.
103 Vorbemerkung zu: Ebner, Theodor: Klara Zieglers Anfänge, in: Bühne und Welt, (1910), S. 345.
104 Vgl. Schwanneke, Victor: Führer durch das Theater-Museum, S. 28.
105 Ziegler, Clara: Tagebuch, Bibliothek, Deutsches Theatermuseum München.
106 Ebd. – Die Schlaraffia wurde 1859 in Prag gegründet, als weltweite Vereinigung zur Pflege von Geselligkeit, Kunst und Humor.
107 Ebd. (Eintrag 3. März 1880).
108 Ebd.
109 Ebd. (Eintrag 7. Juni 1880).
110 Die Mark war seit der Gründung des deutschen Kaiserreichs 1871 das übliche Zahlungsmittel.

111 Ziegler, Clara: Tagebuch (Eintrag Juli 1881).
112 Ebd. (Eintrag v. 17. Aug. 1892).
113 Ebd. (Eintrag v. 28. Jan. / Febr. 1893).
114 Eschweiler: Chronologisches Verzeichnis.
115 Ziegler, Clara: Tagebuch, Bibliothek, Deutsches Theatermuseum München.
116 Ebd.
117 Ebd.
118 Ziegler, Ernst: Privates Familienarchiv, München.
119 Ziegler, Clara: Tagebuch, Bibliothek, Deutsches Theatermuseum München.
120 Rützow, Sophie: Die letzte Heroine, Artikel zu Clara Zieglers 100. Geburtstag (1944); Zeitungsausschnitt, in: Ziegler, Ernst: Privates Familienarchiv, München.
121 Vgl. Eisenberg, Ludwig: Großes Biographisches Lexikon der deutschen Bühne, Leipzig 1903, S. 155.
122 Polizeilicher Meldebogen, Stadtarchiv München.
123 Ebd.
124 Ebd.
125 Ebd.
126 Reden, F. J. Freiherr von: Eine Erinnerung an ihre fünfundzwanzigjährige Künstler-Laufbahn, Nürnberg 1887, S. 10, in: Nachlass Clara Ziegler, Deutsches Theatermuseum München).
127 Laddey, Emma: Clara Ziegler, Biographische Skizze, in: *Illustrirte Frauen-Zeitung* (1876), Nr. 36, S. 281f.
128 Vgl. Schwanneke, Victor: Führer durch das Theater-Museum, S. 15ff.
129 Ebd., S. 18.
130 Ebd.
131 Clara Zieglers Abschied, in: Bühne und Welt, Zeitschrift f. Theaterwesen, Literatur und Musik (1904), S. 645.
132 Das Heim der Tragödin, in: Der Silberspiegel (1935), S. 1064ff.
133 Conrad: Gelüftete Masken, S. 106f.
134 Barnay, Ludwig: Erinnerungen, S. 145; hier zit. nach Eschweiler, Klara Ziegler, S. 32. – Ludwig Barnay (1842 Pest–1924 Hannover) war Heldendarsteller und Theaterdirektor; gründete 1871 die »Genossenschaft Deutscher Bühnenangehöriger« = Vertretung der SchauspielerInnen.
135 Vgl. Schwanneke, Victor: Führer durch das Theater-Museum, S. 23.
136 Ebd.
137 Gesprächsprotokoll v. 20.2.1977, in: Ziegler, Ernst: Privates Familienarchiv, München.
138 Ebd.: 1933 musste sich Bochner als Jude von seiner arischen Frau scheiden lassen und nahm sich anschließend das Leben. 1943 war für etwa sechs Monate der entlassene italienische Außenminister Ciano, ein Schwiegersohn Mussolinis, in der Villa arretiert, floh von dort, wurde wieder gefasst und erschossen.
139 Ziegler, Clara: Tagebuch, Bibliothek, Deutsches Theatermuseum München.
140 Ebd.
141 Ebd.

142 Zeitungsausschnitt v. 28. April 1904, erschienen zum 60. Geburtstag von Clara Ziegler mit der Überschrift: Eine Münchner Heroine, in: Ziegler, Ernst: Privates Familienarchiv, München. – Der Artikel wurde entnommen aus: Monacensia, Zeit- und Stimmungsbilder aus Alt- und Jungmünchen von Karl Zettel.
143 Ebd.
144 Ziegler, Clara: Tagebuch, Bibliothek, Deutsches Theatermuseum München.
145 Ebd.
146 Ebd.
147 Ebd.
148 Ebd.: Eintrag v. 5. November 1871: »Max geboren, Babetts erster Junge.« – Eintrag v. September 1875: »15. Sept. Babett ihr Willi geboren.«
149 Vgl. Ziegler, Clara: Tagebuch, Bibliothek, Deutsches Theatermuseum München.
150 Ebd.
151 Die Lebensretterin mit dem langen Arm, in: Münchner Abendblatt (1939), Nr. 299, in: Ziegler, Ernst: Privates Familienarchiv, München.
152 Ziegler, Clara: Tagebuch, Bibliothek, Deutsches Theatermuseum München.
153 Ebd.: Eintrag Januar 1882.
154 Ebd.: Eintrag April / Mai 1882.
155 Vgl. Ziegler, Clara: Tagebuch, Bibliothek, Deutsches Theatermuseum München.
156 Vgl. ebd.: 1883 / 1884.
157 Vgl. ebd.: 1884.
158 Vgl. ebd.
159 Vgl. ebd.: Eintrag v. 3. Nov. 1884.
160 Meyerhöfer: Klara Ziegler, in: Alte und Neue Welt, S. 222.
161 Clara Zieglers Abschied, in: Bühne und Welt (1904), S. 646.
162 Kosch, Wilhelm: Deutsches Theater-Lexikon, Wien 1953, S. 265.
163 Clara Zieglers Abschied, in Bühne und Welt (1904), S. 645f.
164 Meyerhöfer: Klara Ziegler, in: Alte und Neue Welt, S. 222f.
165 Nachlass Clara Ziegler, Autographen, Album 3, Deutsches Theatermuseum München.
166 Zu Anita Augspurg vgl.: Panzer / Plößl: Bayerns Töchter, S. 297ff.
167 Nachlass Clara Ziegler, Autographen, Manuskripte, Album 1: Postkarte, Deutsches Theatermuseum München.
168 Brief von Clara Ziegler, Bad Ems, 3. Juni 1900, an einen anonymen Herrn »Doktor« (= eventuell Alfred Holzbock; aus dem Nachlass v. Alfred Holzbock übergeben), in: Nachlass Clara Ziegler, Deutsches Theatermuseum München.
169 Ebd.
170 Ebd.
171 Ebd.
172 Mayerhofer: Clara Ziegler, S. 22.
173 Vgl. ebd.
174 Ziegler, Clara: Tagebuch, Deutsches Theatermuseum München.
175 Vgl. Kindermann: Theatergeschichte Europas, Bd. VII, Realismus, S. 13.
176 Vgl. Meyers Großes Konversationslexikon.

177 Henschel, Theaterlexikon, S. 974.
178 Eschweiler: Klara Ziegler, S. 36.
179 Fontane, Theodor: Clara Ziegler, Vossische Zeitung (1872), Nachdruck in: Die Schaubühne (1909), Nr. 53, S. 697-700. – Alles Folgende daraus!
180 Laube: Das norddeutsche Theater, S. 187.
181 Ebd., S. 188.
182 Ebd., S. 192.
183 Auszug aus einem Brief von Elisabeth Christen, in: Clara Ziegler in der Kritik, Schmuck-Album Bd. I, in: Nachlass Clara Ziegler, Deutsches Theatermuseum München.
184 Em. K., Zeitungsartikel v. 22. März 1869, Wien, in: Nachlass Clara Ziegler, Album mit Sammlung von Kritiken, Deutsches Theatermuseum München.
185 Vgl. Kindermann: Theatergeschichte Europas, Realismus, S. 13.
186 Artikel der »Frankfurter Theater-Zeitung« v. 28. April 1877, in: Nachlass Clara Ziegler, Kritiken, Album I, Deutsches Theatermuseum München.
187 Die Redaktion, Vorbemerkung, zu: Ebner, Theodor: Klara Zieglers Anfänge, in: Bühne und Welt (1909 / 1910), S. 345.
188 Tagblatt, St. Gallen, 13. Dez. 1879, in: Nachlass Clara Ziegler, Kritiken, Album I, Deutsches Theatermuseum München.
189 Kindermann: Theatergeschichte Europas, Realismus, S. 220f.
190 Ebd., S. 221.
191 Clara Ziegler, Brief aus dem Nachlass von Alfred Holzbock, in: Nachlass Clara Ziegler, Deutsches Theatermuseum München.
192 Michael Georg Conrad gab die programmatische Zeitschrift »Die Gesellschaft« seit 1885 heraus. Er verlangte in der Darstellungsweise mehr Zurückhaltung und »naturalistische Feinheit«.
193 Conrad, Gelüftete Masken, Leipzig 1890, S. 95.
194 Ebd., S. 96.
195 Ebd., S. 100f.
196 Vgl. Fischer, Eugen Kurt: 150 Jahre Theaterkultur im Spiegel der Kritik, Königsberg, besonders S. 623: Hier wird Clara Ziegler als »hervorragendste Vertreterin« dieser Deklamationskunst bezeichnet.
197 Ebd., S. 623.
198 Mayerhofer: Clara Ziegler, S. 14.
199 Balk, Claudia: Theatergöttinnen, S. 14.
200 Ebd., S. 16.
201 Zit. nach Eschweiler: Klara Ziegler, S. 37; – Kritik von J. Gaiger 1869 in: Kritiken Bd. I, Nachlass Clara Ziegler, Deutsches Theatermuseum München.
202 Siehe dazu Liste im Anhang.
203 Mayerhofer: Clara Ziegler, S. 22f.
204 Nachlass Clara Ziegler, Autographen, Album 4, Deutsches Theatermuseum München.
205 Siehe Liste im Anhang: Ehrengaben.
206 Alle Zitate aus: Nachlass Clara Ziegler, Autographen, Album 4, Deutsches Theatermuseum München.

207 Nachlass Clara Ziegler, Autographen, Manuskripte, Album 1, Niederschrift des Artikels: »Wie ich Lucile Grahn kennen lernte«, München, 4. April 1907, Deutsches Theatermuseum München. – Zu Lucile Grahn siehe Panzer / Plößl: Bayerns Töchter, S. 232ff.

208 Münchner Allgemeine Zeitung v. 28. April 1904, zit. nach Eschweiler: Klara Ziegler, S. 31f.

209 Hermann von Lingg (1820 Lindau–1905 München), Mitglied des Dichterkreises um König Maximilian II. von Bayern; Lyriker (zumeist Balladen), schrieb auch Dramen und Erzählungen, z. B. Die Völkerwanderung, Epische Dichtung in 3 Bänden.

210 Nachlass Clara Ziegler, Autographen, Abgabe Rohrmann, Deutsches Theatermuseum München.

211 Nachlass Clara Ziegler, Autographen, Album 3, Deutsches Theatermuseum München.

212 Schwanneke, Victor: Führer durch das Theater-Museum, München 1910, S. 13.

213 Nachlass Clara Ziegler, Autographen, Album 1, Manuskripte, Deutsches Theatermuseum München.

214 Nachlass Clara Ziegler, Autographen, Album 3, Deutsches Theatermuseum München.

215 Ebd.

216 Ebd.

217 Manuskripte von Clara Ziegler, Album 4, Nachlass Clara Ziegler, Autographen, Deutsches Theatermuseum München.

218 Ziegler, Clara: Tagebuch, Deutsches Theatermuseum München.

219 Nachlass Clara Ziegler, Autographen, Album 3, Deutsches Theatermuseum München.

220 Ebd.

221 Nachlass Clara Ziegler, Autographen, Manuskripte, Album 1, Deutsches Theatermuseum München.

222 Gemäß den Nachrufen, in: Nachlass Clara Ziegler, Autographen, Abgabe Rohrmann, Deutsches Theatermuseum München.

223 Vgl. Kosch, Wilhelm: Deutsches Theater-Lexikon, Klagenfurt / Wien, Bd. 1, 1953; Eisenberg, Ludwig: Großes Biographisches Lexikon der Deutschen Bühne, Leipzig 1903.

224 Zeitungsauschnitt: Zu Klara Zieglers Tod, in: Nachlass Clara Ziegler, Abgabe Rohrmann, Deutsches Theatermuseum München.

225 Ebd.

226 Ebd., Zeitungsartikelausschnitt: Beisetzung der Asche Clara Zieglers.

227 Meyerhöfer: Klara Ziegler, in: Alte und Neue Welt (1935), S. 224.

228 Zeitungsausschnitt: Zum Tode Klara Zieglers, in: Nachlass Clara Ziegler, Abgabe Rohrmann, Deutsches Theatermuseum München.

229 Maschinenschriftliche Familienchronik, in: Ziegler, Ernst: Privates Familienarchiv, München.

230 Nachlass Clara Ziegler, Abgabe Rohrmann, Deutsches Theatermuseum München.

231 Ebd., Zeitungsartikelausschnitt
232 Nachlass Clara Ziegler, Abgabe Rohrmann, Deutsches Theatermuseum München.
233 Ebd., Testament (Abschrift).
234 Ebd., Zeitungsausschnitt: Zu Klara Zieglers Tod.
235 Nachlass Clara Ziegler, Album Ordensdiplome und Ehrungen, darin: Brief u. Artikelausschnitt, Graz 2. Sept. 1870.
236 Testament (Abschrift), in: Nachlass Clara Ziegler, Abgabe Rohrmann, Deutsches Theatermuseum München.
237 Schöne, Günter: Das Theatermuseum der Clara Ziegler-Stiftung in München, S. 352.
238 Nachlass Clara Ziegler, Testament. – Siehe auch Rapp, Franz: Das Theater-Museum der Clara Ziegler-Stiftung in München, Zur 25-Jahr-Feier seines Bestehens, in: Der neue Weg, Nr. 10, 1935, S. 294–296.
239 Meyerhöfer: Klara Ziegler, in: Alte und Neue Welt, S. 223f.
240 Testament (Abschrift), in: Nachlass Clara Ziegler, Abgabe Rohrmann, Deutsches Theatermuseum München.
241 Rapp: Das Theater-Museum der Clara Ziegler-Stiftung in München, S. 294.
242 Das Heim der Tragödin, in: Der Silberspiegel (1935), S. 1066.
243 Schöne, Günter: Das Theatermuseum der Clara Ziegler-Stiftung in München, S. 351ff. – auch in den folgenden Textabschnitten!
244 Ebd., S. 296.
245 Ebd.
246 Schriftliche Auskunft von Dr. Claudia Blank, Leiterin des Theatermuseums, 30. Nov. 2017.
247 Nachlass Clara Ziegler, Autographen, Dokumente / Materialien , Abgabe Rohrmann (1959), Deutsches Theatermuseum München.
248 Conrad: Gelüftete Masken, S. 108.
249 Auskunft von Ernst Ziegler, per E-mail v. 27. Nov. 2017. – Warum in den Ehrungen und Benennungen häufig die Schreibweise ihres Vornamens mit »K« Verwendung findet, erschließt sich nur unvollkommen. Denn die Ziegler schrieb ihn immer mit einem »C«.
250 Gesprächsprotokoll von Paul Ziegler mit Hans Schuster, Gemeinderatsmitglied, aus Allmannshausen (1909–1980) v. 20. Febr. 1977, in: Ziegler, Ernst: Privates Familienarchiv, München.
251 Ebd.
252 Siehe dazu Archiv des Bayerischen Landtags, Dokumente, 14. Wahlperiode, Plenarprotokoll 14 / 84 v. 20.03.2002: Mündliche Anfrage des Abgeordneten Dr. Dürr (Bündnis 90 / Die Grünen) und Antwort des Staatsministers Zehetmair (Wissenschaftsministerium). – Siehe auch: 14. Wahlperiode, Drucksache 14 / 436.
253 Siehe dazu Archiv des Bayerischen Landtags, Dokumente, 14. Wahlperiode, Drucksache 14 / 436 (Beantwortung schriftlicher Anfragen).
254 Burtscheidt, Christine: Die Emanzipation erobert die Ruhmeshalle, Artikel in: Münchner Neueste Nachrichten, Lokal- und Bayernteil der Süddeutschen Zeitung, 10.09.1997.

255 Clara Zieglers Urgroßneffe Ernst Ziegler (München) stellte 1999 einen Antrag zur Aufstellung einer Büste, allerdings in der Walhalla. Laut Kurzmitteilung der Regierung von Oberbayern v. 11.08.99, die den Antrag an die Protokollabteilung der Bayerischen Staatskanzlei weiterleitete. – Eventuell fand die beauftragte Kommission auch Anregung für zu ehrende Frauen in dem 1997 veröffentlichten Buch »Bavarias Töchter« (von Marita A. Panzer und Elisabeth Plößl), das inzwischen unter dem Titel »Bayerns Töchter« zu finden ist. Darin ein Kurzporträt von Clara Ziegler!

256 Clara Zieglers Abschied, in: Bühne und Welt XII (1904), S. 646.

257 Testament (Abschrift), in: Nachlass Clara Ziegler, Abgabe Rohrmann, Deutsches Theatermuseum München. – Vgl. auch Schöne, Günter: Das Theatermuseum der Clara Ziegler-Stiftung in München, in: Maske und Kothurn, Vierteljahresschrift für Theaterwissenschaft (1956), Nr. 3/4, S. 351ff.

258 Vgl.: Ebner, Theodor: Klara Zieglers Anfänge, in: Bühne und Welt, S. 345–347 und nach dem Rollenverzeichnis in »Theatergöttinnen« von Claudia Balk, S. 199–204 mit Ergänzungen und Korrekturen von Marita A. Panzer. – Siehe auch »Chronologisches Verzeichnis über Klara Zieglers Auftreten vom 21. Februar 1862 bis zum 27. April 1903«, zusammengestellt von Hans Georg Eschweiler (Theatermuseum München).

259 Vgl. Schwanneke, Victor: Führer durch das Theatermuseum, München 1910, S. 21ff.

Quellen- und Literaturverzeichnis

Quellen

ungedruckt

Dokumente und Drucksachen, Archiv des Bayerischen Landtags, München.

Einwohnermeldebogen, Stadtarchiv München.

Eschweiler, Hans Georg: Chronologisches Verzeichnis über Klara Zieglers Auftreten vom 21. Februar 1862 bis 27. April 1903, München 1926, Typoskript im Deutschen Theatermuseum München.

Nachlass Clara Ziegler, Autographen, Album 1–4 und Abgabe Maria Rohrmann sowie Fotosammlung, Deutsches Theatermuseum, München.

Nachlass Hans Julius Rahn, Autographen, Rahnfried, Bd. II, 1909–1913, Mappe Erinnerungen, Reisen, Theater (darin: Selbstcharakteristik Clara Ziegler und Nachruf), Deutsches Theatermuseum München.

Ziegler, Clara: Briefe, Handschriftenabteilung, Bayerische Staatsbibliothek München.

Ziegler, Clara: Briefe und Fotos, Monacensia, Bibliothek und Literaturarchiv, München.

Ziegler, Clara: Handschriftliches Tagebuch, Bibliothek, Deutsches Theatermuseum, München.

Ziegler, Ernst: Privates Familienarchiv, München.

gedruckt

Conrad, Michael Georg: Gelüftete Masken, Allerlei Charakterköpfe, Leipzig 1890.

Ebner, Theodor: Klara Zieglers Anfänge, in: Bühne und Welt, Zeitschrift für Theaterwesen, Literatur und Musik XXIII (Oktober 1909–März 1910), S. 345–347.

Fontane, Theodor: Clara Ziegler, in: Die Schaubühne (1909), Nr. 53.

Gg. Sch. (Namenskürzel): Clara Zieglers Abschied, in: Bühne und Welt, Zeitschrift für Theaterwesen, Literatur und Musik XII (1904), S. 645f.

Harweck-Waldstedt, G. M.: Clara Ziegler, Gedenkblatt zu ihrem 25jährigen Künstlerjubiläum (21. Februar 1887), Osterwieck / Harz 1887, in: Nachlass Clara Ziegler.

Hoffmann, G.: Klara Ziegler, in: Bühne und Welt, Zeitschrift für Theaterwesen, Literatur und Musik (April–September 1900), S. 781–785.

Illustriertes Kreuzerblatt, s. Kreuzerblatt.

Kreuzerblatt, Eine Wochenschrift für Jedermann (1874), Nr. 21.

Laube, Heinrich: Clara Ziegler, in: Das Norddeutsche Theater, Leipzig 1872, S. 183ff.

Possart, Ernst von: Erstrebtes und Erlebtes, Erinnerungen aus meiner Bühnenlaufbahn, Berlin 1916.

Rapp, Franz: Das Theater-Museum der Clara Ziegler-Stiftung in München, Zur 25-Jahr-Feier seines Bestehens, in: Der neue Weg (1935), Nr. 10, S. 294–296.

Reden, F. J. Freiherr: Eine Erinnerung an ihre fünfundzwanzigjährige Künstler-Laufbahn, Zur Jubiläumsfeier, Nürnberg 1887, in: Nachlass Clara Ziegler.
Schöne, Günter: Das Theatermuseum der Clara Ziegler-Stiftung in München, in: Maske und Kothurn, Vierteljahresschrift für Theaterwissenschaft (1956), Nr. 3 / 4 (Sonderdruck), S. 351–354.
Schwanneke, Victor: Führer durch das Theater-Museum der Klara Ziegler Stiftung Königinstraße 25 zugunsten der Genossenschaft Deutscher Bühnenangehöriger, München 1910.
Ziegler, Franz Wilhelm: Wie ist dem Handwerkerstande zu helfen?, Berlin 1850.

Werke

Ziegler, Clara
- Flirten, Lustspiel, 1895.
- Furcht vor der Schwiegermutter, Schwank, 1897.
- Der Türmer von St. Peter, in zwei Lebensbildern »Thürmers Weihnachtsfest« und »Thürmers Osterfest«, 1897.
- Falscher Verdacht, 1897.
- Das Lieblingspferdchen, Lustspiel.
- Lawn-Tennis, Lustspiel in drei Akten.
- Ferdinand von Struntz als Schutzengel, 1904.
- Mucki, Lustspiel, 1904.

sowie Zeitungsartikel für das Feuilleton verschiedener Zeitungen, z. B. Münchner Neueste Nachrichten.

Nachschlagewerke

Eisenberg, Ludwig: Großes biographisches Lexikon der deutschen Bühne im 19. Jahrhundert, Leipzig 1903.
Flüggen, O. G.: Biographisches Bühnenlexikon des Deutschen Theaters, München 1892.
Genossenschaft Deutscher Bühnen-Angehöriger (Hg.): Deutsches Bühnenjahrbuch 1930, 41. Jg., Berlin 1930 (darin: Philomena Hartl-Mitius).
Kosch, Wilhelm: Deutsches Theater-Lexikon, Klagenfurt / Wien 1953, Bd. 1 (darin: Philomena Hartl-Mitius).
Pataky, Sophie: Ziegler, Clara, in: Lexikon deutscher Frauen der Feder, Bd. 2, Berlin 1898, S. 463.
Meyers Großes Konversationslexikon.

Literatur

Anonym: 125 Jahre Gärtnerplatztheater, Vom Actien-Volkstheater zu Münchens anderer Oper, Burgthann 1990.

Balk, Claudia: Theatergöttinnen, Inszenierte Weiblichkeit, Clara Ziegler, Sarah Bernhardt, Eleonora Duse, Katalog zu drei Ausstellungen im deutschen Theatermuseum München, Frankfurt a. M. 1994.

Bang, Hermann: Menschen und Masken, Schauspieler-Portraits, Berlin 1909.

Bosl, Karl: Bayerische Geschichte, München 1971.

Brauneck, Manfred: Die Welt als Bühne, Geschichte des europäischen Theaters, Bd. 3: 19. Jahrhundert und Jahrhundertwende, Stuttgart / Weimar 1999.

Deutsches Theatermuseum: Entdecken, was dahinter steckt, München 2010 (Katalog).

Doerry, Hans: Das Rollenfach im deutschen Theaterbetrieb des 19. Jahrhunderts, Berlin 1926.

Doll, Peter / Erken, Günther: Theater, Eine illustrierte Geschichte des Schauspiels, Stuttgart / Zürich 1985.

Dollinger, Hans: Die Münchner Straßennamen, München 2010.

Ebnet, Werner: Sie haben in München gelebt, Biografien aus acht Jahrhunderten, München 2016.

Emde, Ruth B.: Schauspielerinnen im Europa des 18. Jahrhunderts, Ihr Leben, ihre Schriften und ihr Publikum, Wien 1997.

Eschweiler, Hans Georg: Klara Ziegler, Ein Beitrag zur Theatergeschichte des 19. Jahrhunderts, Diss. Berlin 1935.

Fischer, Eugen Kurt: 150 Jahre Theaterkultur im Spiegel der Kritik, Königsberg 1932 (= Königsberger Hartungsche Dramaturgie).

Fischer-Lichte, Erika: Kurze Geschichte des deutschen Theaters, Tübingen / Basel 1993.

Frey, Stefan: Dem Volk zur Lust und zum Gedeihen, Gärtnerplatztheater, Leipzig 2015.

Gronemeyer, Andrea: Theater, Köln 2009.

Kindermann, Heinz: Theatergeschichte Europas, Bd. VI, Romantik, Salzburg 1964; Bd. VII, Realismus, Salzburg 1965; Bd. VIII, Naturalismus und Impressionismus, I. Teil, Deutschland / Österreich / Schweiz, Salzburg 1968.

Kosch, Wilhelm: Das Deutsche Theater und Drama im 19. Jahrhundert mit einem Ausblick auf die Folgezeit, Leipzig 1913.

Kotsowilis, Konstantin: Die griechische Kirche in München als Gotteshaus zum Erlöser, ehemals St. Salvator, Festschrift München 1998.

Maxstadt, Erni: Münchner Volkstheater im 19. Jahrhundert und ihre Direktoren, München 2002.

Mayerhofer, Johannes: Clara Ziegler, Biographische Skizze, Bamberg 1887.

Meyerhöfer, R.: Klara Ziegler, Zum 25jährigen Todestage der großen Tragödin, in: Alte und Neue Welt, Illustriertes Familienblatt, Landshut / Köln / Straßburg, 1935, S. 222–224.

Michael, Friedrich: Geschichte des deutschen Theaters, Stuttgart 1969.

Möhrmann, Renate (Hg.): Die Schauspielerin, Zur Kulturgeschichte der weiblichen Bühnenkunst, Frankfurt a. M. 2000.

Panzer, Marita A.: Clara Ziegler (1844–1909), Schauspielerin und Gründerin des deutschen Theatermuseums, in: Panzer / Plößl, Bayerns Töchter, München 2015, S. 195–198.

Panzer, Marita A. / Plößl, Elisabeth: Bayerns Töchter, München 2015; Originalausgabe unter dem Titel »Bavarias Töchter«, Regensburg 1997.

Prinz, Friedrich: Die Geschichte Bayerns, München / Zürich 2003.

Rühle, Günther: Theater in Deutschland 1887–1945, Seine Ereignisse – seine Menschen, Frankfurt am Main 2007.

Schlenther, Paul: Theater im 19. Jahrhundert, Ausgewählte theatergeschichtliche Aufsätze, hrsg. v. Hans Knudsen, Berlin 1930.

Simhandl, Peter: Theatergeschichte in einem Band, Berlin 2001.

Simon, Matthias: Die evangelisch-lutherische Kirche in Bayern im 19./20.Jahrhundert, München 1961.

Turtur, L. / Bühler, A. L.: Geschichte des Protestantischen Dekanats und Pfarramts München, München 1969.

Stammtafel

Friedrich Wilhelm Ziegler = Charlotte Wilhelmine Block
(um 1772–1812) (1772–1843)

Johann Babtist Jani = Barbara Dryerer
(1784–?) (1785–?)

Daniel Wilhelm Eduard Ziegler = 1842 = (2) Barbara Babette Jani
(1803–1859) (1816–1877)

= (1) Elisabeth (Geburtsname?)
Ehe geschieden

Maria
weitere Kinder?

Maximiliana (1840–1841)

Christoph Carl Wilhelm (1842–1901)
= Karolina Maria Oswald (1851–1928)
Kinder:
Wilhelm (1873–1950), Friedrich (Fritz) Carl (1874–1950), Anna (1875–1888), Hans (1876/1876), Albert (1877/77), Roman Georg (1879–1958), Karoline (1881–1884), Erich Theodor (1882/1882), Clara (1885/1885)

Clara Ziegler = 1875 = Adolf Christen
(1844–1909) (1811–1883)

Aus erster Ehe:
Elisabeth Christen (1853–1928)

Augusta (1845–1879)

Anna (1847–1867)

Babette (1846–1890) = Xaver Pracher (Daten?)
Kinder:
Max (1871–?), Wilhelm (1875–1906)

Pauline (1850–1920) = Christian Staudacher (+ 1889)
keine Kinder

Albert (1851–1902) = Anna Wittenberg (Daten?)
Kinder: Albert (1893–1925)

Wilhelmine (1855/1855)

Frieda (1856–1871)

Zeittafel

Das »lange« 19. Jahrhundert

1767–1790	Sturm und Drang (Geniekult) – z. B. Herder, Klinger, Schiller, Goethe, Lenz
1789	Beginn der Französischen Revolution
1786–1832	Klassik: Weimarer Klassik (Idealismus und ästhetische Erziehung) – z. B. Wieland, Goethe, Schiller, Herder
1795–1850	Zeit der literarischen Romantik (Einheit von Natur und Geist) – z. B. Schlegel, Novalis, E. T. A. Hoffmann, Brentano, von Günderrode, Eichendorff, Rückert, Hauff
1804	Napoleon Bonaparte krönt sich zum Kaiser von Frankreich
1812	Russlandfeldzug Napoleons
1813–15	Freiheitskriege: Ende der französischen Vorherrschaft unter Napoleon; Vielvölkerschlacht bei Leipzig (1813)
1815	»Deutsche Bundesakte« schafft deutschen Staatenbund mit 39 souveränen Mitgliedern Wiener Kongress: Neuordnung Europas; Beginn der »Restauration« unter Metternich
1815–48	Literarische Biedermeierzeit (Ideal: heile, harmonische, poetische Welt) – z. B. Gotthelf, Grillparzer, Lenau, Mörike, Stifter, Immermann, Nestroy, Raimund, Droste-Hülshoff
1818	Bayerische Verfassung: 2 Kammern erhalten das Steuerbewilligungsrecht und Anteil an der Gesetzgebung (18. Okt.) Gründung der »Allgemeinen Deutschen Burschenschaft« (studentische Einheit Deutschlands): Wahlspruch »Ehre, Freiheit, Vaterland«.
1819	Ermordung des russischen Generalkonsuls und deutschen Schriftstellers August von Kotzebue durch den Burschenschaftler Sand »Karlsbader Beschlüsse« gegen liberale Tendenzen in deutschen Landen Gründung des »Deutschen Handels- und Gewerbevereins« zur Überwindung der 39 deutschen Zollschranken
1821–29	Griechischer Freiheitskampf gegen die Türken
1830	»Julirevolution« in Frankreich: »Bürgerkönig« Polen erhebt sich erfolglos gegen Russland.
ab 1830	Die »Jungdeutschen«: z. B. Gutzkow, Börne, Laube, Heine
1832	»Hambacher Fest«: Politische Demonstration für ein einheitliches Deutschland und eine republikanische Verfassung (22. März)
1834	»Deutscher Zollverein«
1837	Georg Büchner stirbt (politischer Autor und Dramatiker des Früh-Realismus)

1840	Friedrich Wilhelm IV. neuer König von Preußen (bis 1861) »Rheinkrise«: Französische Kriegsbedrohung schafft neues gesamtdeutsches Nationalgefühl (Lied: »Die Wacht am Rhein«).
1841	Hoffmann von Fallersleben dichtet das Deutschlandlied
1847	Karl Marx: Kommunistisches Manifest
vor 1848	Dichter des »Vormärz«: z. B. Herwegh, Hoffmann von Fallersleben
1848	Revolutionäre Erhebungen in Deutschland, Österreich, Ungarn und Italien. – »Märzrevolutionen« in Deutschland: Nationalversammlung in der Frankfurter Paulskirche Kaiser Franz Joseph I. von Österreich (bis 1916)
ca. 1848–99	Literarischer Realismus. – »Poetischer Realismus«: z. B. Stifter, Keller, Storm, Raabe; Frührealismus: z. B. Friedrich Hebbel (1813–1863); ab 1871 sog. neuer Realismus: z. B. Conrad Ferdinand Meyer (1825–1889), Theodor Fontane (1819–1898)
1849	Stärkung reaktionärer Kräfte – Auflösung der Nationalversammlung in Frankfurt
1852	Napoleon III., Kaiser der Franzosen (bis 1870)
1853–56	Krimkrieg
1859	Charles Darwin begründet die Evolutionstheorie
1861–65	Abraham Lincoln, Präsident der Vereinigten Staaten von Amerika
1861	Viktor Emanuel II. von Sardinien wird König von Italien
1861–88	Wilhelm I., König von Preußen
1862	Bismarck wird preußischer Ministerpräsident
1862–65	Sezessionskrieg in den USA
1863	Abschaffung der Sklaverei
1864	Krieg Österreichs und Preußens gegen Dänemark
1866	Krieg zwischen Österreich und Preußen: Ende des »Deutschen Bundes«
1866 / 67	Gründung des »Norddeutschen Bundes«
1869	Einweihung des Suezkanals
1870	Rom wird Hauptstadt Italiens
1870 / 71	Deutsch-Französischer Krieg
1870–1914	Gründerzeit (kulturgeschichtlich: Baustil des Historismus); Gründerzeit (wirtschaftsgeschichtlich: Industrialisierung, Wirtschaftsliberalismus begann bereits Mitte des 19. Jhs.)
1871	Deutsche Kaiserproklamation in Versailles (18. Jan.): Gründung des Deutschen Kaiserreichs
1873	»Dreikaiserabkommen«
1877	Königin Viktoria von England wird Kaiserin von Indien
1880–1900ff	Naturalismus (exakte Gestaltung der Wirklichkeit, Dialekt, soziale Themen) – z. B. Ibsen (als Wegbereiter / teils auch zum Realismus gehörig); M. G. Conrad, Arno Holz, Gerhart Hauptmann
1883 / 84	Sozialgesetzgebung im deutschen Kaiserreich
1888	Tod Kaiser Wilhelms I. und Tod seines Nachfolgers Kaiser Friedrichs III.

1888–1918	Kaiser Wilhelm II.
1889	Bau des Pariser Eiffelturms. – Gründung des Theatervereins »Freie Bühne« zu Berlin. – Uraufführung des naturalistischen Dramas »Vor Sonnenaufgang« von Gerhart Hauptmann (gilt als Beginn der Moderne im Theater).
1890	Sturz Bismarcks – Herzog von Meiningen gibt seine Theaterarbeit auf.
1892	Rudolf Diesel erfindet den Dieselmotor
1895	Cinematograph der Brüder Lumière
1898	Tod Bismarcks
1900	Bürgerliches Gesetzbuch
1901	Tod Königin Viktorias von England; Nachfolger: König Eduard VII. von England
1904	»Entente cordiale« zwischen Frankreich und England
1908	»Bosnienkrise«
1912/13	Balkankriege
1914–18	Erster Weltkrieg
1917	Revolution in Russland
1918	Revolutionäre Erhebungen in Deutschland; Ausrufung der Republik

Rezept

Vorne eingeklebt in Clara Zieglers Tagebuch findet sich folgendes Rezept:

Coldcream
50 Gramm Weißes Wachs
60 Gramm Walrot (?)
370 Gramm Mandelöl
150 Gramm Rosenwasser
Rosenöl einige Tropfen

Die Masse kommt in eine Schüssel. Diese stellt man in eine größere, gefüllt mit heißem Wasser. Man rührt eine Stunde warm, eine Stunde kalt, bis die Masse so fein ist wie Schlagsahne. Das Rosenöl gibt man erst hinzu, wenn die »Schlagsahne« farbig ist.
Das gibt zwei große Büchsen.

Clara Ziegler merkte dazu noch an:
»Ein Dienstmädchen von mir aß sie mit Wonne!« – Gemeint war natürlich die Gesichtscrème, die offenbar nicht gesundheitsschädlich war.

Auftritte und Rollen der Anfangsjahre[258]

Diese Zusammenstellung erhebt keinesfalls den Anspruch auf Vollständigkeit. Das hat bereits Hans Georg Eschweiler mit seinem »Chronologischen Verzeichnis über Klara Zieglers Auftreten vom 21. Februar 1862 bis zum 27. April 1903« versucht. Die folgende Liste soll eher einen Eindruck von der Vielfalt des Theater-Repertoires und der Auftritte der Clara Ziegler in ihren »Lehrjahren« vermitteln, ehe sie sich als Tragödin einen großen Namen machte. Die meisten der hier genannten Bühnenstücke gehören der leichten Muse an und werden heutzutage nicht mehr gespielt. Auch sind ihre Autoren – zu Recht? – überwiegend vergessen. Interessant ist zudem, dass bei der Fülle der männlichen Stückeschreiber nur die Werke einer Frau (Charlotte Birch-Pfeiffer, Schauspielerin und Schriftstellerin, 1800–1868) zur Aufführung gelangten. Allerdings war diese Autorin damals sehr erfolgreich.

Stadttheater Bamberg

1862

21. Feb. als *Adrienne Lecouvreur* im gleichnamigen Stück von Eugène Scribe und Ernest (Wilfried) Legouvé, bearbeitet von Heinrich Laube

23. Feb. als Johanna in *Die Jungfrau von Orleans* von Friedrich Schiller

Hof- und Nationaltheater München

Gastspiel am 16. August 1862

als Johanna in *Die Jungfrau von Orleans* von Friedrich Schiller

Stadttheater Regensburg

Gastspiele 1863

20. Jan. als Donna Diana in *Donna Diana* oder Stolz und Liebe von Aug. in Moretto (bearbeitet von Carl Aug. West)

25. Jan. als Marianne in *Marianne* oder ein *Weib aus dem Volke* von W. Friedrich

28. Jan. als Adele von Blainville in *Ein armer Spinner* von Adolf Christen

Theater Ansbach

Gastspiel 1863

Rollen wie in Regensburg

(Eventuell noch als Johanna in *Die Jungfrau von Orleans* von Friedrich Schiller)

Stadttheater Ulm
Erstes Engagement Winter 1863/64

1863

27. Sept.	als Sprecherin des *Festprologs* (gedichtet von F. Albrecht) zum Geburtstag König Wilhelms I. von Preußen sowie anschließend als Witwe Jeanne Vanneau in dem französischen Lustspiel *Die Eine weint, die Andere lacht*, bearbeitet von Heinrich Laube
30. Sept.	Titelrolle im spanischen Lustspiel *Donna Diana* von A. Moretto, bearbeitet von Carl Aug. West
4. Okt.	als Magd Afra in *Der Scheiben-Toni* von Charlotte Birch-Pfeiffer
18. Okt.	als Eva in *Zriny* von Theodor Körner
30. Okt.	als Lady Milford in *Kabale und Liebe* von Friedrich Schiller
8. Nov.	Titelrolle in Deborah von Salomon Hermann Mosenthal
11. Nov.	als Baronin von Wolkenstein in *Ein Trödler und seine Familie* von Albert Emil Brachvogel
22. Nov.	als Fee Christiane in *Der Verschwender* von Ferdinand Raimund
29. Nov.	Titelrolle in *Agnes Bernauer* in von Melchior Meyr
8. Dez.	als Jungfer Barbara in *Die Lieder des Musikanten* von Rudolf Kneisel
13. Dez.	als Donna Isaura in *Die Schule des Lebens oder Königstochter und Bettlerin* von Ernst Raupach
15. Dez.	als Cora Gerard in dem französischen Zeitbild *Cora, das Kind des Pflanzers oder die Sklaverei im 19. Jahrhundert*, bearbeitet von Paul Viktor Wichmann
23. Dez.	Titelrolle in *Medea* von Franz Grillparzer
26. Dez.	als Donna Clara in *Preziosa* von Pius Alexander Wolf
27. Dez.	Titelrolle in *Anna von Österreich oder die Musketiere des Königs* von Charlotte Birch-Pfeiffer

1864

5. Jan.	als Madeleine (Bajazzos Frau) in dem französischen Stück *Bajazzo und seine Familie*, bearbeitet von H. Marx (als Benefiz eines Kollegen)
6. Jan.	Titelrolle in *Medea* von Franz Grillparzer
12. Jan.	Titelrolle in *Charlotte Ackermann* von Otto Müller
31. Jan.	als Margarethe Schmid in dem französischen Schauspiel *Die Bettlerin oder die Wege der Vorsehung*, bearbeitet von Julius Meißner
7. Feb.	als Fortuna in *Lumpazivagabundus* von Johann Nepomuk Nestroy
10. Feb.	als Lady Windham in *Die Dame in Schwarz* von Trauen
15. Feb.	als Katharina von Rosen in *Bürgerlich und Romantisch* von Eduard von Bauernfeld
17. Feb.	als Gräfin von Cerny in dem französischen Lustspiel *Memoiren des Satans*, bearbeitet von L. v. Göller
19. Feb.	als Therese Bertholin in dem französischen Lustspiel *Mein Mann geht aus*, übersetzt von Börnstein
21. Feb.	als Adele von Blainville in dem Lustspiel *Ein armer Spinner* von Adolf Christen

26. Feb.	als Johanna in *Jungfrau von Orleans* von Friedrich Schiller (Benefizaufführung)
28. Feb.	als Marianne in *Marianne oder das Weib aus dem Volke* von Dräxler-Manfred
11. März	als Elisabeth in *Maria Stuart* von Friedrich Schiller

Stadttheater Linz (Gastspiel)

wohl im März / April 1864

Titelrolle im spanischen Lustspiel *Donna Diana* von A. Moretto (bearbeitet von Carl Aug. West)

Stadttheater Ulm

Zweites Engagement Winter 1864 / 65

1864

29. Sept.	als Thekla Lonau in *Der Störenfried* von Roderich Benedix
2. Okt.	als Kammerzofe Antoinette in *Dienstboten* von Roderich Benedix
9. Okt.	als Kunigunde in *Das Käthchen von Heilbronn* von Heinrich Kleist
10. Okt.	Titelrolle (Hosenrolle) in *Vicomte von Letorières* von Karl Blum (nach Jean Bayard)
17. Okt.	als Amalia in *Die Räuber* von Friedrich Schiller
21. Okt.	als Fränzchen in *Mutter und Sohn* von Charlotte Birch-Pfeiffer
28. Okt.	als Margarethe Laroque in *Ein verarmter Edelmann* von Albert Beckmann (nach dem Roman von Octave Feuillet)
30. Okt.	als Monika in *Der Sonnwendhof* von Salomon Hermann Mosenthal
3. Nov.	als Armande in *Urbild des Tartüffe* von Karl Ferdinand Gutzkow
9. Nov.	als Muckerin in *Richards Wanderleben* von G. Kettel
11. Nov.	als Prinzessin Eboli in *Don Carlos* von Friedrich Schiller
18. Nov.	als Ophelia in *Hamlet* von William Shakespeare
25. Nov.	als Jenni in *Liebe im Eckhaus* von Alexander Cosmar
20. Dez.	als Elisabeth in *Graf Essex* von Heinrich Laube

1865

1. Jan.	als Vroni in *Der Goldbauer* von Charlotte Birch-Pfeiffer
2. Jan.	als Marquise von Pompadour in *Narziss* von Albert Emil Brachvogel
29. Jan.	als Gervaise in *Der Glöckner von Notre Dame* von Charlotte Birch-Pfeiffer
3. März	als Frau von Flor in *Er muß aufs Land* von W. Friedrich (nach Jean Bayard und de Vailly)
8. / 9. März	als Franzsika von Hohenheim in *Die Karlsschüler* von Heinrich Laube
15. März	als Elisabeth von Zündorf in *Doktor Wespe* von Roderich Benedix
19. März	als Dolores in *Rezept gegen Schwiegermütter* von Johann Fastenrath
2. Apr.	als Helene von Coefeld in *Kean* von Alexandre Dumas père (bearbeitet von Louis Schneider)

5. Apr. als Césarine von Nocé in *Richelieus erster Waffengang* von Jean Bayard und Ph. Fr. Dumanoir

Stadttheater Linz (Gastspiel)

im Juni 1865

als Adele von Blainville in Der Ball zu Ellerbrunn von Alberto Nota (bearbeitet von Karl Blum)?

wohl eher in dem Lustspiel *Ein armer Spinner* von Adolf Christen

Aktien-Volkstheater München

Engagement 1865/66/67

1865

4. Nov. (Eröffnungsvorstellung) als Isar-Nixe in *Was wir wollen* von Hermann Schmid

9. Nov. als Henriette Montjoye in *Montjoye, der Mann von Eisen* von Octave Feuillet

21. Nov. als Resl in *Haberfeldtreiben* von Artur Müller

14. Dez. als Marquise von Sivry in *Muttersegen* von W. Friedrich

18. Dez. Titelrolle in *Pietra* von Salomon Hermann Mosenthal

19. Dez. als Louise Strenge in *Ein schlechter Mensch* von Julius Rosen

22. Dez. als Adelgunde Falk in *Die Unglücklichen* von Aug. von Kotzebue

26. Dez. als Gouvernante Adele in *Aus dem Eise und beim Christbaum* von Friedrich Kaiser (Nachmittagsvorstellung)

1866

4. Jan. als Adelgunde von Soldau in *Die Pasquillanten* von Roderich Benedix

12. Jan. als Nina in *Eine Photographie* von Wilhelm Nein

21. Jan. als Elsbeth in *Das Turnier* von Kronstein von Franz von Holbein

29. Jan. als Freifrau von Hohenstein in *Die Amnestie* von Andreas May

2. Feb. als Christine in *Das goldene Kreuz* von Georg Hany

6. Feb. als Moni in *Der Tatzelwurm* von Hermann Schmid

17. Feb. als Agnes von Sternfeld in *Krethi und Plethi* von David Kalisch

9. März als Gräfin Helene von Noisy in *Ein Rebhuhn* von Albert Ellmenreich

26. März als Die öffentliche Meinung in *Orpheus in der Unterwelt* von Hector Crémieux, Musik von Jacques Offenbach

3. Apr. als Adelheid von Savoyen in *Münchener Kindeln* von Hermann Schmid

9. Apr. als Baronin Pfeffers in *Ein Pelikan* von Emile Augier, bearbeitet von Heinrich Laube

10. Apr. als Florentine in *Nichte und Tante* von Karl Aug. Görner

22. Apr. als Regine Hochfeld in *Stadt und Land* von Friedrich Kaiser

8. Mai als Eudoxia in *Rose und Röschen* von Charlotte Birch-Pfeiffer

23. Mai als Ida Zamainska in *Ketten* von Emil Mario Vacano

17. Jun.	als Die Rätin Engel in *Die Mehlmesser-Peppi* von Anton Langer
13. Jul.	als Germania in *Szenischer Prolog* von Hermann Schmid
1. Aug.	als Margarethe Günther in *Fluch und Segen* von Ernst Houwald
5. Aug.	als Cölestine in *Der Pfarrherr* von Charlotte Birch-Pfeiffer
6. Aug.	als Amalie Türkheim in *Mitgefangen, Mitgehangen* von W. G. Baron Warburg
7. Aug.	als Cordelchen Zweck in *Die Jäger* von Aug. Wilhelm Iffland
11. Aug.	als Liesel in *Das Wichtel* von Hermann Schmid, bearbeitet von Artur Müller
29. Aug.	als Anna von Linden in *Bekenntnisse* von Eduard von Bauernfeld
3. Sept.	als Prinzessin Agnes in *Das Märchen von König Allgold* von Rudolf Kneisel
17. Sept.	als Adele Spürlein in *Immer zu Hause* von Moritz Grandjean
11. Okt.	als Gabriele in *Die Kompromittierten* von Julius Rosen
3. Dez.	als Gräfin Ulrike von Thalhof in *Erziehung macht den Menschen* von Karl Aug. Görner
6. Dez.	als Gräfin von Cesanne in *Yelva* von Eugène Scribe, bearbeitet von Theodor Hell (= Karl Gottfried Winkler)
8. Dez.	Titelrolle in *Griseldis* von Friedrich Halm
16. Dez.	als Rose Riedl in *Die Auswanderer* von Hermann Schmid
25. Dez.	als Die Schulzin in *Der Müller und sein Kind* von Ernst Raupach
31. Dez.	als Eine Jungfrau in *Am Scheideweg* von Hermann Schmid

1867

5. Jan.	als Undine in *Prinz Honigschnabel* von Carl Löffler und Karl Aug. Görner
14. Jan.	als Cilli Hartkopf in *Die Frau Wirtin von der Eisenbahn* von Friedrich Kaiser
9. Feb.	als Elmire in *Tartüffe* von Molière
17. Feb.	als Camilla d'Olivia in *Der Tambour der II. Kompagnie* von Ehrenheisel
7. März	als Helene (Nichte der Gräfin) in *Feenhände* von Eugène Scribe, bearbeitet von Chr. v. Graven
11. März	als Gräfin von Brion Sauvigny in *Eine Gewissensfrage* von Octave Feuillet
20. März	als Baronin Palmer in *Ein Gesandtschafts-Attaché* von Henri Meilhac
23. März	als Marquise von Monceurau in *Eine Tochter des Südens* von Alexandre Dumas fils
29. März	als Marguerite Gauthier in *Die Cameliendame* von Alexandre Dumas fils
31. März	als Evi in *Almenrausch und Edelweiss* von Hermann Schmid
21. Apr.	als Bertha von Borotin in *Die Ahnfrau* von Franz Grillparzer
4. Mai	als Leni Stumpf in *Johannisfeuer* von Artur Müller
17. Mai	als Prinzessin Eugenie in *Der geheime Agent* von Friedrich Wilhelm Hackländer

27. Mai als Bavaria in *Mitternacht* (von ?)
16. Jun. als Aurora, Gräfin von W. in *Leonore von Karl* von Holtei
3. Jul. als Gräfin Klausner in *Die unterbrochene Whistpartie* von Karl Schall
27. Jul. als Ida von Felseck in *Dorf und Stadt* von Charlotte Birch-Pfeiffer
24. Aug. als Jutta Thurmharter in *Frauenherz* von K. Stöger
2. Sept. als Melanie Schnaube in *Ein Opfer der Wissenschaft* von Sigmund Schlesinger

Stadttheater Leipzig

Am 7. Oktober 1867 spielte Clara Ziegler bereits am Stadttheater Leipzig die Brunhild in *Siegfrieds Tod* von Friedrich Hebbel. Es folgten ernsthafte Rollen, wie Gräfin Orsina (Lessing: *Emilia Galotti*), Donna Isabella (Schiller: *Die Braut von Messina*), Lady Macbeth (Shakespeare: *Macbeth*), Armgard (Schiller: *Wilhelm Tell*), Turandot (Schiller: *Turandot*), Iphigenie (Goethe: *Iphigenie auf Tauris*), Romeo (Shakespeare: *Romeo und Julia*), Judith (Hebbel: *Judith*) und Phädra (G. Conrad = Prinz Georg von Preußen: *Phädra*); daneben aber auch Rollen der leichteren Muse.

Hoftheater München

Ab Oktober 1868 trat Clara Ziegler als bereits avancierte Schauspielerin im Königlichen Hof- und Nationaltheater zu München auf. Als Rollen ragten heraus: Konstanze (Shakespeare / bearb. v. K. Jenke: *König Johann*), Margarethe von Parma (Goethe: *Egmont*), Antigone (Sophokles: *Antigone*), Maria Königin von Schottland (L. Schneegans: *Maria Stuart*), Marfa (K. Heigel: *Marfa*), Brunhild (Geibel: *Brunhild*), Thusnelda (Kleist / bearb. v. R. Genée: *Die Hermannsschlacht*), Maria Stuart (Schiller: *Maria Stuart*), Esther (Racine: *Esther*), Pallas Athene (Kotzebue / Devrient: *Die Ruinen von Athen*), Porzia (Shakespeare: *Der Kaufmann von Venedig*), Oberon (Shakespeare: *Ein Sommernachtstraum*).

Gastspielzeit

Die großen Rollen ihrer Gastspielreisen (ab 1875) waren z. B.:
Sappho (Grillparzer: *Sappho* / Großherzogliches Hof- und Nationaltheater Mannheim, 1875), Penthesilea (Kleist: *Penthesilea* / Königliches Schauspielhaus Berlin, 1876), Margarethe (Scribe / Legouvé: *Die Erzählungen der Königin von Navarra* / Lobe-Theater Breslau 1880), Metella (Voss: *Die Patrizierin* / Lobe-Theater Breslau 1881), Medea (Grillparzer: *Der Gastfreund, Die Argonauten* / Stadttheater Nürnberg 1881), Klytämnestra (Siegert: *Klytämnestra* / Königliches Hof- und Nationaltheater München 1885), Marfa (Schiller: *Demetrius* / Berliner Theater 1889) u. v. m. in den Folgejahren bis 1904.

Liste der Ehrengaben[259]

Kränze
1 silberner Kranz (1870 Budapest)
1 goldener Kranz (1874 Berlin)
1 silberner Kranz (1876 Amsterdam)
1 goldener Kranz (zum 25-jährigen Bühnenjubiläum von ihren Geschwistern)
1 silberner Kranz (zum 25-jährigen Bühnenjubiläum von Breslauer Damen)
1 silberner Kranz (von Direktor Reck, Nürnberg)

Schmuck
Ein Kreuz mit Brillanten (von ihrer Mutter anlässlich ihres Debüts in Bamberg).
Ein goldenes Diadem samt Collier mit 3 Medaillons, dazu Ohrringe mit Granatschalen besetzt (von G. Conrad = Prinz Georg von Preußen, am 11. Juni 1870 nach der Aufführung seiner *Phädra* im königlichen Opernhaus zu Berlin).
Ein Amethyst-Schmuck mit Ohrringen, die Veilchen darstellen (von König Ludwig II. von Bayern, am 7. Mai 1874, nach einer Separatvorstellung am 7. Mai 1874).
Ein Medaillon mit Türkisen und Brillanten (von König Ludwig II. von Bayern, nach der letzten Separatvorstellung am 9. Mai 1875).
Ein Armband (von Zar Alexander II. von Russland, nach einer Benefiz-Vorstellung in St. Petersburg am 6. April 1878).
Ein Armband mit Brillanten und Saphiren (von der Großherzogin von Oldenburg, nach einer Vorstellung am 3. Dezember 1886).
Ein Diadem mit Collier und Armband in weißen Muscheln (nach einer Aufführung der *Phädra* am 18. Oktober 1895 in Schwerin).
Ein Armband mit Reichsadler, besetzt mit Brillanten und Rubinen (von Kaiser Wilhelm II., am 17. Mai 1900, nach einer Aufführung in Wiesbaden).
Eine Brosche (zur Eröffnung des neuen Stadttheaters in Leipzig).
Ein goldener Kamm in Form von Lorbeerblättern (von der berühmten Tänzerin Lucile Grahn).

Geschenk-Medaillen
Eine goldene Medaille (zum 60. Geburtstag von der Genossenschaft Deutscher Bühnen-Anghöriger).
Eine goldene Medaille (von Sonnenthal, Wien).
Eine Bronze-Medaille (von Devrient, Wien).
Zwei Bronze-Medaillen (von Hofschauspieler Rettich, Wien 1869).
Eine Bronze-Medaille (von Friedrich Haase).

Auszeichnungen und Orden

Die kleine goldene Medaille für Wissenschaft und Kunst
von Großherzog Friedrich Franz von Mecklenburg-Schwerin.
Die große goldene Medaille für Wissenschaft und Kunst
von Großherzog Friedrich Franz von Mecklenburg-Schwerin.
von Herzog Ernst II. von Sachsen-Coburg-Gotha.
von Großherzog Nicolaus Friedrich Peter von Oldenburg.
von Großherzog Ludwig III. von Hessen.
von Großherzog Georg von Sachsen-Meiningen.
von Herzog Ernst von Sachsen-Altenburg.
Die Ludwigsmedaille in Gold für Kunst und Wissenschaft (Bayern).
Die große goldene Medaille von Großherzog Carl Alexander von Sachsen.
Das Verdienstkreuz in Gold von Reuß.
Das Verdienstkreuz in Silber von Coburg-Gotha.

Weitere Geschenke

Eine Vielzahl von Ölgemälden, Aquarellen, Stichen und anderen Bildern, z. B. Kostümskizzen
Ledergebundene Alben mit Fotos, Autogrammen und anderen Erinnerungsstücken
Zahlreiche gerahmte Fotografien (teils mit Unterschriften)
Mehrere Büsten
Ein Abguss der rechten Hand Ludwigs II. von Bayern
Ein Tafelaufsatz aus Bronze
Porzellanvasen und -schalen
Eine Uhr
Zwei Armleuchter
Ein Pompadour-Tischchen
Zahlreiche Lorbeerkränze
u. v. m.

Ehrenmitgliedschaften

Ehrenmitglied des Großherzoglichen Hoftheaters Darmstadt
Ehrenmitglied des Königlichen Hof- und Nationaltheaters München (1885)

Bildnachweis

Deutsches Theatermuseum München:
S. 15 (Inv. Nr. VII 4502), 21 (Inv. Nr. II 21469), 22 (Inv. Nr. II 15313-107), 25 (Inv. Nr. II 29499), 29 (Inv. Nr. II 38063), 32 (Inv. Nr. II 24763-48), 38 (Inv. Nr. II 16951), 43 (Inv. Nr. II 16950), 44 (Inv. Nr. II 25580), 50 (Inv. Nr. II 24692), 53 (Inv. Nr. II 24927), 55 (Inv. Nr. VII 1680), 57 oben (Inv. Nr. VII 4500), 57 unten (Inv. Nr. II 24689), 58 (Inv. Nr. II 24687), 62 (Inv. Nr. II 24677), 66 (Inv. Nr. II 38052), 72 (Inv. Nr. II 24664), 75 (Inv. Nr. II 38068), 77 (Inv. Nr. II 38045), 84 (Inv. Nr. II 24672), 88 (Inv. Nr. II 5265), 94 (Inv. Nr. II 24781a), 96 (Inv. Nr. II 40301), 97 (Inv. Nr. VII 4503), 99 (Inv. Nr. II 24781b), 104 (Foto Gabriele Jäckl)

Verlagsarchiv:
S. 18, 98, 107

Ernst Ziegler, München, Familienarchiv:
S. 13, 106

Dank

Von Herzen danke ich Herrn Ernst Ziegler (München), der mir sein privates Familienarchiv öffnete und bereitwillig jegliche Unterstützung gewährte.

Für freundliche Beratung und Hilfe danke ich weiterhin allen MitarbeiterInnen der von mir benutzten Archive, Bibliotheken und Museen, besonders Dr. Claudia Blank, Dr. Birgit Pargner, Babette Angelaeas M.A., Stephan Priddy und Carolina Felberbaum vom Deutschen Theatermuseum in München.

Mein besonderer Dank gilt Carola Holzer für Lektorat und Bildredaktion sowie Dietlind Pedarnig und Alexander Strathern für die Aufnahme dieser Biografie in das Programm des Allitera Verlages.

Einen lieben Dank auch an meinen Ehemann Eckart Eitel, der mir geduldig zuhörte und mich beständig ermutigte.